The Encyclopedia of Unbelievable Facts

500가지 신기한 팩트 사전

제인 윌셔 글 | 루이즈 록하트 그림 | 정회성 옮김

차 례

- 이 책은 어떤 책인가요? 4

우리 몸 6

과학+기술 16

동물 26

자연 세계 36

우주 46

알쏭달쏭 잡학	56
역사	66
풍습+문화	76
우리가 사는 세계	86
예술+대중문화	96

- 용어 풀이 · · · · · 106
- 찾아보기 · · · · · 110

팩트 수색대 모여라!

지금부터 세상의 온갖 놀라운 **팩트**를 찾아 나서요!
우리가 사는 세상에는 믿기 힘들 만큼 놀랍고 신기한 사실들이 넘쳐 나요.
숨겨진 팩트를 확인할 때마다 눈이 번쩍 뜨이고 머리가 어질어질할지도 몰라요.
하지만 잘 기억했다가 친구와 가족들에게 알려 주면 신이 날 거예요!
세상에 있는 놀라운 사실들을 몽땅 찾아내고 싶다고요? 그럼 당장 이 책을 읽어 보아요!

이 책은 어떤 책인가요?

이 책에는 아주 많은 주제와 관련한 지식과 정보가 실려 있어요. 깜짝 놀랄 만한 사실이 500가지나 들어 있지요.
책장을 넘기다 보면 "우와! 말도 안 돼!"라는 소리가 절로 나올 거예요.
모두 10장으로 이루어진 이 책은 동물, 우리 몸, 역사, 우주 등 아주 폭넓은 주제를 다루어요.
장마다 50가지 질문과 답이 실려 있는데, 하나같이 신기하고 놀라운 사실들이에요.

스스로 간지럼을 태울 수 있을까요?
11쪽에서 알아보아요.

프랑켄버거가 무엇일까요?
21쪽에서 알려 줄게요.

주사위 모양의 똥을 싸는 동물은 무엇일까요?
27쪽을 확인해 보아요.

이 책을 읽는 법

《이게 모두 사실이라고?》는 어떤 특정한 방식으로 읽어야 하는 책은 아니에요.
하지만 처음에 읽는 재미를 붙일 수 있는 몇 가지 방법을 소개할게요.
물론 각자 내키는 대로 자유롭게 읽어도 좋아요.

1. 어느 장부터 시작하냐고요? 페이지를 넘기면서 자신이 좋아하는 주제부터 찾아서 읽어도 괜찮아요.

2. 첫 장부터 순서대로 읽어도 좋아요. 책장을 넘길수록 놀라서 머리가 어질어질해질 수 있으니 조심해요!

3. 흥미진진한 팩트를 확인하면 잘 기억했다가 친구들에게 알려 주어요.

4. 가족과 친구들에게 책에 나오는 질문을 던져요. 정답을 몇 개나 맞힐 수 있을까요?

5. 더 재미있는 방법이 있어요. 먼저 정답을 읽어 주고, 거꾸로 질문이 무엇일지 알아맞히게 하는 거예요!

6. 질문과 답을 읽기 전에 눈길이 가는 그림을 먼저 골라 보아도 좋아요.

7. 책을 읽는 장소는 소파든 나무 아래든 상관없어요. 캄캄한 곳에서 손전등을 비추며 읽어도 좋아요.

8. 궁금한 주제를 한눈에 찾고 싶다면 책 맨 뒤에 있는 '찾아보기'를 펼쳐 보세요!

9. 어렵거나 재미없게 느껴지는 부분은 건너뛰어도 괜찮아요.

10. 이 책을 읽고 나면 머릿속에 유익한 지식이 가득할 거예요. 물론 그냥 재미로 읽어도 좋고요!

각 장에서 가장 놀라운 팩트 세 가지를 골라 보아요!

이 책 전체에서 정말 놀라운 팩트 열 가지를 골라 보세요!

우리 몸

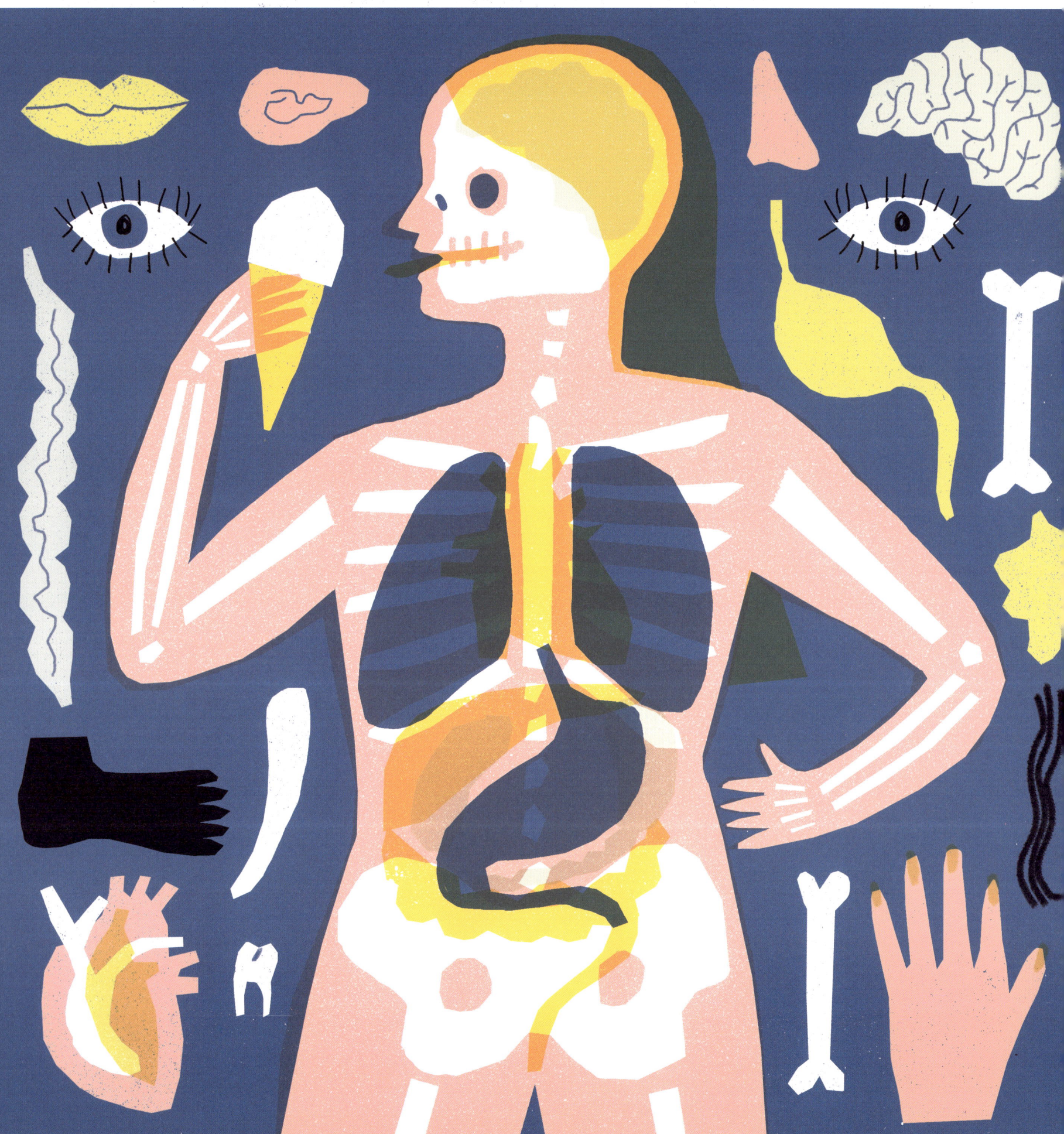

Q 사람 몸에는 7,000,000,000,000,000,000,000,000,000(0이 자그마치 27개!!)개의 '이것'이 있어요. 이것은 무엇일까요?

A 원자. 우주에 존재하는 모든 것은 원자로 이루어져 있어요. 원자의 크기는 작은 점(·)의 2000만분의 1밖에 안 될 만큼 엄청 작아요.

Q 우리 몸은 몇 개의 세포로 이루어져 있을까요?

A 약 37조 개. 살아 있는 생명체는 모두 세포로 이루어져 있어요.

Q 사람과 침팬지 중 어느 쪽이 몸에 털이 더 많을까요?

A 사람의 털은 가늘어서 눈에 잘 띄지 않지만, 개수를 세어 보면 침팬지만큼이나 많아요! 털은 몸의 온도(체온) 조절을 도와요.

Q 디엔에이(DNA)란 무엇일까요?

A DNA는 영어 단어 'deoxyribonucleic acid'를 줄인 이름이에요. 우리말로는 '데옥시리보 핵산'이라고 부르지요. 발음하기 어렵지만 한번 소리 내어 읽어 보세요! 디엔에이는 세포 안에서 찾을 수 있어요. 우리 몸이 움직이고 자라는 데 필요한 정보를 담고 있지요.

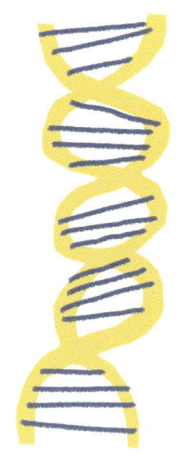

Q 우리 몸의 여러 기관이 뇌와 신호를 주고받는 속도는 얼마나 빠를까요?

A 가장 빠른 신호는 초고속 열차만큼 빨라요! 이 신호가 이동하는 통로를 '신경'이라고 해요.

Q 우리 몸의 감각 중 가장 빠른 것은 무엇일까요?

A 청각. 귀로 들은 소리가 뇌까지 전해지는 데는 겨우 0.05초밖에 안 걸려요. 눈으로 본 시각 정보가 뇌까지 전달되는 데는 이보다 10배가 넘는 시간이 걸리지요.

Q 사람은 1분에 눈을 몇 번이나 깜박거릴까요?

A 약 20번. 잠자는 시간을 빼도 하루에 90분 정도는 눈을 감고 있는 셈이에요. 눈을 깜박거리는 이유는 눈알 표면의 수분이 마르는 것을 막기 위해서예요. 새는 한번에 한쪽 눈만 깜빡거린답니다.

Q 속눈썹에 벌레가 산다는 게 사실일까요?

A '속눈썹 진드기'라고 부르는 아주 작은 벌레가 있을 수 있어요. 이런 벌레가 생기지 않게 하려면 세수를 잘해야 해요.

Q 사람은 하루에 콧물을 얼마나 많이 만들어 낼까요?

A 콧속에서는 매일 찻잔으로 7잔 정도의 끈끈한 점액(콧물)이 나와요. 하지만 대부분 여러분이 모르는 사이에 목구멍을 지나 식도로 넘어가지요. 점액과 코털로 뒤덮인 콧구멍 안쪽 벽은 외부에서 들어온 더러운 물질이나 세균이 몸속으로 들어가지 못하게 걸러 내는 역할을 해요.

Q 우리 몸에서 1년에 약 4000만 번씩 일어나는 일은 무엇일까요?

A 심장 박동. 사람의 심장은 1분에 약 70번, 하루에 10만 번쯤 뛰어요. 가슴에 손을 얹고 두근두근 움직이는 심장 박동을 느껴 보아요!

Q 사람이 당황하면 얼굴이 벌겋게 달아오르지요. 이때 몸속에도 붉게 변하는 부분이 있어요. 어디일까요?

A 위장. 당황했을 때 우리 몸에서는 '아드레날린'이라는 호르몬이 나와요. 이 호르몬은 심장 박동 수를 늘려서 더 많은 양의 피가 흐르게 해요. 그래서 위장 안쪽 벽도 붉어지지요. 몸속도 부끄럼을 타는 거예요!

Q 사람이 평생 92일 동안 하는 일은 무엇일까요?

A 화장실 가기! 사람이 태어나서 죽을 때까지 음식을 먹는 데 쓰는 시간은 3년 반 정도예요. 배불러요!

Q 혈액 세포 하나는 하루에 우리 몸을 몇 바퀴나 돌까요?

A 1000바퀴 이상. 혈액은 우리 몸속 구석구석을 돌아다닌 뒤 다시 심장으로 돌아가요.

Q 세계에서 딸꾹질을 가장 길게 한 사람은 얼마 동안 딸꾹질을 했을까요?

A 68년. 딸꾹질을 멎게 하려면 어떻게 해야 할까요? 물을 벌컥벌컥 마시거나 깜짝 놀라게 하는 등 다양한 방법이 있지만, 사람마다 효과가 달라요. 혹시 여러분만의 방법이 있다면 알려 주세요!

Q 재채기, 방귀, 기침 중 속도가 가장 빠른 건 무엇일까요?

A 재채기가 시속 160킬로미터로 가장 빨라요. 기침의 속도는 시속 80킬로미터 정도예요. 방귀는 시속 10킬로미터 정도로 가장 느리지요.

Q 사람의 배꼽 안에 사는 세균은 몇 종류나 될까요?

A 약 67종류. 세균은 아주 작은 생명체예요. '박테리아'라고도 부르죠. 우리 몸속에는 이로운 세균도 있고 해로운 세균도 있어요.

Q 사람의 머리카락에 아주 귀한 금속 성분이 있어요. 무엇일까요?

A 금. 머리카락을 이루는 성분은 대부분 케라틴이라는 질긴 단백질이에요. 하지만 금 성분도 아주 조금 포함되어 있답니다. 갓난아이의 머리카락에는 어른보다 더 많은 금이 있어요. 머리카락뿐 아니라 심장 같은 우리 몸의 다른 곳에서도 금을 찾아볼 수 있답니다.

Q 전혀 냄새가 안 나는 방귀는 왜 그럴까요?

A 방귀의 구린내를 만드는 화학 성분은 황이에요. 하지만 황이 들어 있는 방귀는 전체의 1퍼센트뿐이에요. 나머지 99퍼센트는 냄새가 안 나는 방귀랍니다. 콩이나 양배추처럼 황 성분이 풍부한 음식을 많이 먹으면 냄새가 지독한 방귀를 뀌니까 조심해요!

Q 웃으면 행복해지나요?

A 그럼요. 과학자들이 증명한 사실이에요. 웃을 때 뇌에서 나오는 세로토닌 같은 화학 물질이 기분을 좋게 해 준답니다. 많이 웃어요!

Q 트림은 왜 하는 걸까요?

A 위장이 지나치게 부풀어 오르지 않게 하려고 공기를 내보내는 거예요. 어떤 나라에서는 손님이 식사를 마친 뒤 꺼억 하고 트림하는 게 예의 바른 행동이랍니다.

Q 우리 몸에서 문어의 팔다리와 비슷한 역할을 하는 부분은 어디일까요?

A 혀. 문어는 팔다리에 달린 빨판으로 맛을 느낀답니다. 말랑해서 이리저리 모양을 바꿀 수 있다는 점도 비슷하지요.

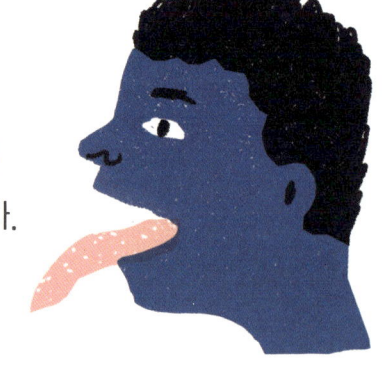

Q 사람은 하루에 몇 번쯤 숨을 쉴까요?

A 우리는 하루에 약 2만 번, 평생 6억 번쯤 숨을 쉬어요. 공기 중에 있는 산소를 들이마시고 찌꺼기인 이산화탄소를 내뱉지요. 숨 쉴 때는 대부분 한쪽 콧구멍만 사용하고, 몇 시간마다 반대쪽 콧구멍으로 바뀐답니다.

Q 세계에서 냄새가 가장 고약한 음식은 무엇일까요?

A 프랑스의 '에포아스 드 부르고뉴'라는 치즈는 버스나 지하철에 갖고 타는 게 금지됐을 만큼 냄새가 지독해요. 열대 과일 두리안은 하수구 냄새가 나서 아시아의 몇몇 호텔 안에서는 먹지 못한답니다. 하지만 사람마다 취향이 다르기 때문에 1등을 꼽기는 어려워요.

Q 우리 몸에서 가장 큰 근육은 어디 있을까요?

A 여러분은 아마 지금 엉덩이를 바닥에 댄 채 책을 읽고 있을 거예요. 엉덩이에 있는 근육이 우리 몸에서 가장 큰 근육이에요. 이 근육을 '큰볼기근'이라고 불러요.

Q 스스로 간지럼을 태울 수 있을까요?

A 아니요. 간지럼을 타려면 놀라야 하는데, 자기 자신을 놀라게 할 수는 없거든요. 간지럼 태우기 대회에서 이기고 싶다고요? 그럼 상대의 발바닥을 노려요! 발바닥은 우리 몸에서 가장 쉽게 간지럼을 타는 부분이랍니다.

Q 지문은 몇 살 때 처음 생길까요?

A 지문은 태어나기 전에 생겨요. 엄마 배 속에서 자라는 아이는 이미 3개월 때부터 지문을 가지고 있어요. 지문은 대부분 소용돌이나 말발굽 모양이지만 사람마다 조금씩 달라요.

Q 우리 몸이 할 수 없는 일은 무엇일까요?

A 자신의 팔꿈치를 혀로 핥을 수 있는 사람은 거의 없어요. 한번 해 볼래요? 재채기할 때 눈을 감지 않는 것도 엄청 힘들어요.

Q '라일의 섬'은 어디에 있는 섬일까요?

A 사람의 뇌 안쪽 깊숙한 곳에 있어요. 감정, 언어, 의사 결정을 담당하는 중요한 부분이지요. 이를 처음 발견한 독일 과학자의 이름을 따서 '라일의 섬'이라고 부르는 거예요. 우리말로는 '대뇌섬'이라고 부른답니다.

Q 아침에 키가 더 크다는 게 사실인가요?

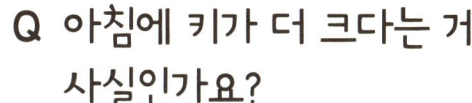

A 네. 우리가 주로 서 있는 낮에는 뼈와 함께 몸을 지탱하는 연골이라는 무른 뼈가 몸무게에 눌려 있어요. 하지만 누워서 자는 동안에는 연골이 쭉 펴지기 때문에 일어나자마자 키를 재면 8밀리미터쯤 더 크답니다.

Q 손과 발 중 뼈가 더 많은 쪽은 어디일까요?

A 손. 손은 27개, 발은 26개의 뼈로 이루어져 있어요.

Q 한 발짝 걸어 보세요. 이때 사용된 근육은 몇 개일까요?

A 최대 200개.

Q 사람이 잠자는 시간은 일생 얼마나 될까요?

A 우리가 백 살까지 산다면 그중 33년은 잠을 자며 보내요. 우리는 자는 동안 지친 몸을 회복하고 다음 날 쓸 에너지를 만들어요.

Q 방귀를 연구하는 사람도 있을까요?

A 물론이죠. 방귀를 내보내는 행위는 우리 몸에 이로워요. 음식물을 소화하는 과정에서 장 속에 생겨난 가스는 그때그때 없애는 게 좋거든요. 사람은 하루에 최대 15번까지 방귀를 뀌어요. 이 방귀를 모두 모으면 파티용 풍선 한 개를 빵빵하게 부풀릴 수 있을 정도랍니다. 뿡!

Q 배고플 때 배에서 꼬르륵 소리가 나는 이유는 무엇일까요?

A 위장이 비었을 때는 음식물 대신 공기가 작은창자로 내려가면서 꼬르륵 소리를 낸답니다.

Q 어른과 어린이 중 누가 뼈의 개수가 더 많을까요?

A 어린이. 어린이는 300개의 뼈가 있는데 몸이 자라면서 몇몇 뼈가 서로 붙어요. 그래서 어른이 되면 뼈의 개수가 206개로 줄어들지요.

Q 여러분이 이 질문을 읽는 동안 전 세계에서 태어나는 아기는 몇 명일까요?

A 전 세계에서는 1초에 약 4명의 아기가 태어나요. 여러분이 질문을 읽는 데 걸린 시간이 5초라면, 그동안 새로 태어난 아기는 20명 정도 될 거예요!

Q 우리 몸에서 1분에 3만 개씩 사라지는 건 무엇일까요?

A 피부 세포. 피부는 늘 새로 태어나는 중이에요. 새 피부 세포가 표면으로 올라오면서 죽은 피부 세포는 각질이 되어 떨어져 나가지요.

Q 사람이 죽은 뒤에도 머리카락과 손톱이 계속 자랄까요?

A 아니요. 공포 영화에 나오는 긴 머리카락을 휘날리는 해골은 실제로는 존재할 수 없어요. 머리카락과 손톱은 살아 있을 때만 자라거든요.

Q 우리 몸속의 작은창자를 일자로 쭉 펴면 길이가 얼마나 될까요?

A 어른 세 명의 키를 합친 것과 비슷해요. 작은창자는 구불구불 말린 상태로 배 속에 들어 있어요. 우리가 먹은 음식물에서 영양분을 빨아들이는 역할을 하지요.

Q 우리 몸의 기관을 복제할 수 있을까요?

A 지금 당장은 아니지만 곧 가능할 거예요. 오늘날 과학자들은 혈관이나 귀 같은 기관을 스리디(3D) 프린터로 만드는 기술을 개발하고 있어요. 이러한 기술은 아픈 사람을 치료하는 데 큰 도움을 줄 거예요.

Q 우리 몸에서 땀이 가장 많이 나는 부분은 어디일까요?

A 발. 발에서 나는 땀이 세균과 섞이면 고약한 냄새가 나요. 세균은 발바닥의 갈라진 틈이나 발가락의 주름진 부분에 쉽게 번식해요.

Q 중세 시대에는 이가 아플 때 어디로 갔을까요?

A 대장간. 이 시대에는 대장장이가 동물에게 흔히 사용하는 커다란 집게로 썩은 이를 뽑아 주었어요.

Q 감기처럼 하품도 주변에 전염될까요?

A 한 사람이 하품을 하면 종종 주변 사람들도 하품을 하지요? 하지만 하품이 진짜 전염되는지는 아직까지 확실히 밝혀지지 않았어요.

사람의 평균 하품 시간은 약 6초래요. 정말인지 다음에 하품이 나올 때 직접 시간을 재 보아요!

Q 우리 몸의 대부분을 이루는 성분은 고체일까요, 액체일까요?

A 액체. 믿기 어렵겠지만 우리 몸은 절반이 넘는 60퍼센트가 물로 이루어져 있어요. 심지어 뇌는 70퍼센트가 물이랍니다.

Q 사막으로 탐험을 떠났다가 길을 잃었어요. 음식이나 물 없이 얼마 동안 살 수 있을까요?

A 사람은 물 없이는 사흘 이상 살 수 없어요. 음식 없이는 좀 더 오래 버틸 수 있지만 몸이 몹시 쇠약해질 거예요. 그러니까 오지로 탐험을 떠날 때는 철저히 준비해야 해요.

Q 꿀, 사람의 뇌, 동물의 배설물을 섞은 약은 어떤 병을 치료하는 데 쓰였을까요?

A 고대 이집트 제사장들은 이 약을 눈병을 치료하는 데 썼어요. 하지만 실제로 효과가 있었는지는 확실하지 않아요.

Q 우리 몸의 여러 치수에서 신기한 점은 무엇일까요?

A 두 팔을 양옆으로 펼쳤을 때 길이는 자신의 키와 비슷해요. 머리의 길이는 보통 키의 8분의 1이에요. 엄지손가락의 길이는 코의 길이와 비슷해요. 한번 대보아요!

Q 사람이 일생 동안 걷는 거리는 지구 몇 바퀴쯤 될까요?

A 약 네 바퀴.

Q 우리 뇌가 사용하는 에너지는 얼마나 될까요?

A 10와트짜리 전구 한 개와 비슷해요. 뇌에 있는 주름을 모두 펴면 베개와 비슷한 크기예요.

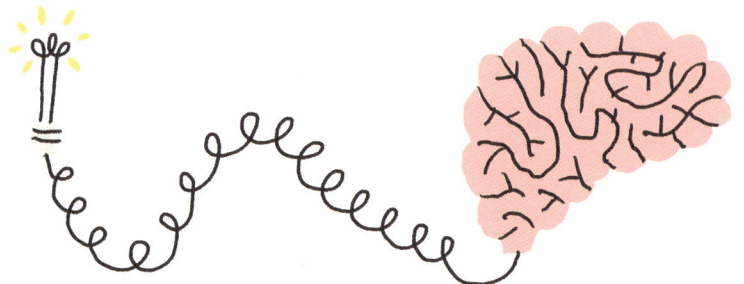

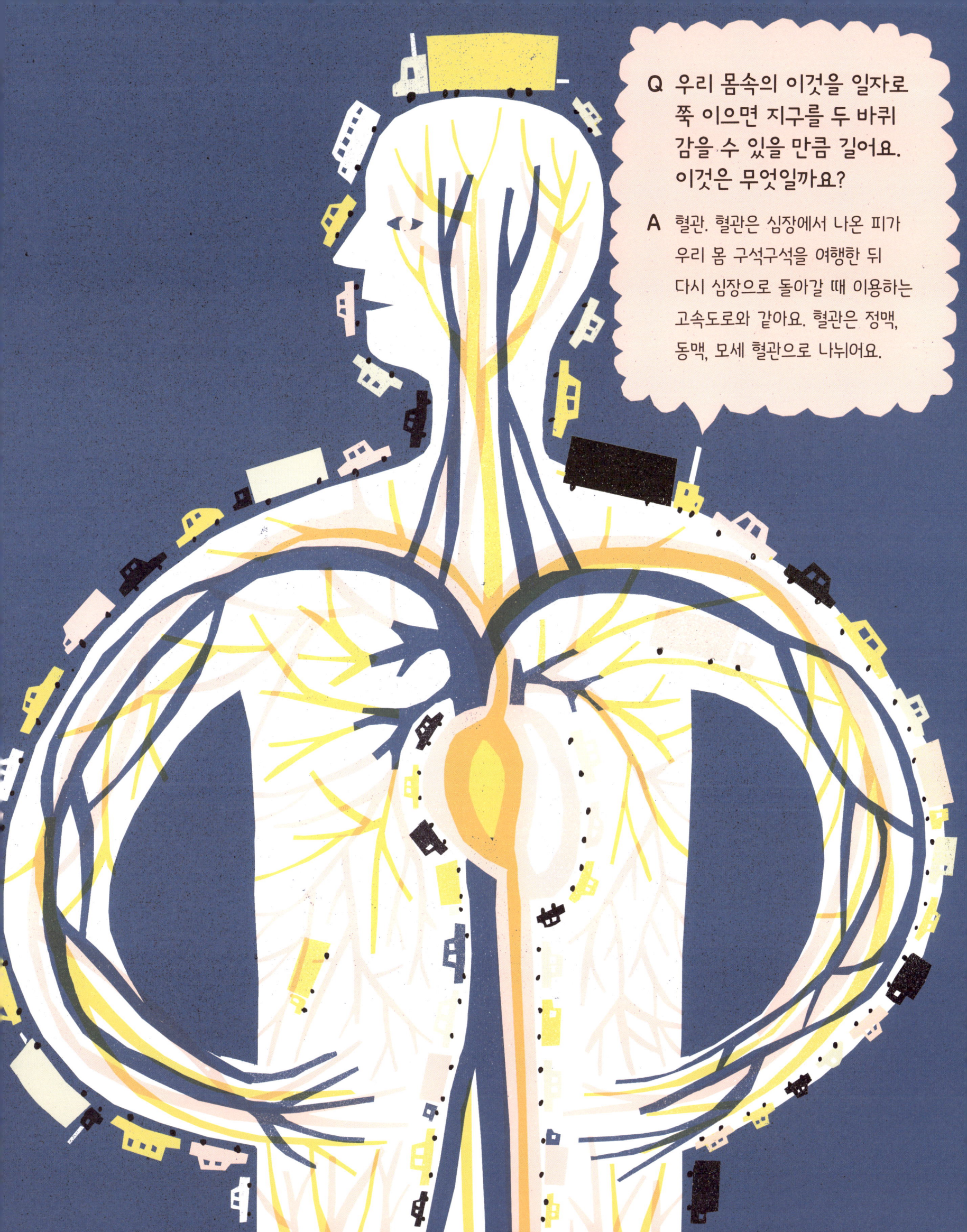

Q 우리 몸속의 이것을 일자로 쭉 이으면 지구를 두 바퀴 감을 수 있을 만큼 길어요. 이것은 무엇일까요?

A 혈관. 혈관은 심장에서 나온 피가 우리 몸 구석구석을 여행한 뒤 다시 심장으로 돌아갈 때 이용하는 고속도로와 같아요. 혈관은 정맥, 동맥, 모세 혈관으로 나뉘어요.

과학 + 기술

Q 세계에서 가장 큰 기계는 무엇일까요?

A 스위스에 있는 강입자 충돌기예요. 작은 마을만큼이나 커요. 우주가 어떻게 탄생했는지 밝혀내기 위해 우주 대폭발과 비슷한 상황을 만들어 내는 기계지요.

Q 채찍을 휘두르면 왜 휙휙 소리가 날까요?

A 채찍을 소리의 속도보다 빠르게 휘두르면 휙휙 소리가 나요. 충격파 때문에 발생하는 이 소리를 '소닉 붐'이라고 해요.

Q 인터넷은 누가 발명했을까요?

A '팀 베르너스 리'라는 영국 공학자가 월드와이드웹(www)을 발명했어요. 수많은 웹 사이트를 품은 거대한 통신망이지요.

Q '돌리'라는 양은 왜 유명할까요?

A 세계 최초의 복제 양이기 때문이에요. 돌리는 자신에게 세포를 나누어 준 양과 똑같아요.

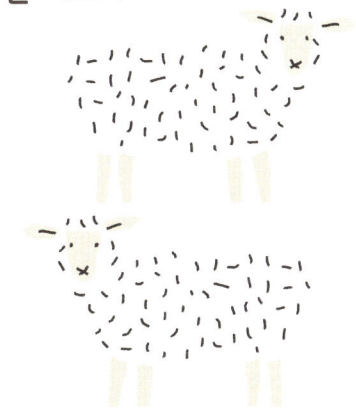

Q 전구의 발명과 수염은 어떤 관계가 있을까요?

A 1878년 미국의 발명가 토머스 에디슨은 전구를 개발하면서 쉽게 끊어지지 않는 필라멘트를 만들기 위해 수천 가지 재료를 시험해 보았어요. 이때 비단, 실, 심지어 수염까지 시험했다고 해요.

Q 뱃멀미로 고생한 영국의 과학자는 누구일까요?

A 찰스 다윈. 다윈은 '에이치엠에스(HMS) 비글호'를 타고 5년 동안 전 세계를 돌아다니며 자연을 연구하고, 그 결과를 책으로 펴냈어요. 그 책이 바로 진화 이론을 설명한 《종의 기원》이에요.

Q 세계 최초의 전화 통화는 어떤 내용이었을까요?

A "왓슨, 어서 이리 오게. 보여 주고 싶은 게 있어!" 스코틀랜드의 발명가 알렉산더 그레이엄 벨이 1876년에 자신의 조수에게 한 말이라고 해요. 여러분이라면 어떤 말을 했을까요?

Q 세계에서 가장 빠른 잔디깎이는 얼마나 빠를까요?

A 시속 240킬로미터. 고속도로를 달리는 자동차보다 두 배 넘게 빠른 속도예요.

Q 구운 식빵이나 삶은 달걀을 조리 전 상태로 되돌릴 수 있을까요?

A 아니요. 열을 가할 때 재료의 분자 구조가 바뀌기 때문에 원래 상태로 되돌릴 수 없어요. 그러니까 시커멓게 탄 토스트는 아깝지만 쓰레기통에 쏙!

Q 세계 최초로 열기구를 타고 하늘을 난 동물은 무엇일까요?

A 양과 닭과 오리. 1783년 프랑스의 발명가인 몽골피에 형제가 세계 최초로 열기구를 만들어서 동물들을 태워 하늘로 띄웠어요. 첫 비행시간은 8분 정도였어요.

Q 석유는 어디서 나는 걸까요?

A 바다 밑을 비롯한 땅속 깊은 곳. 석유는 생물이 죽어서 땅속에 묻힌 뒤 수백만 년 넘게 열과 압력을 받아서 생긴 결과물이에요.

Q 질문을 많이 하면 뇌가 발달하는 데 도움이 될까요?

A 네. 뇌세포 사이의 교류가 늘어나 뇌가 계속 활동적으로 움직이기 때문이에요.

Q 코코넛으로 자동차를 달리게 할 수 있을까요?

A 네. 코코넛뿐 아니라 밀, 옥수수, 해조류도 자동차 연료로 쓸 수 있어요. 이렇게 생물로 만든 연료를 바이오 연료라고 해요. 지구 환경에 해로운 화석 연료를 대신할 수 있지요.

Q 곰팡이가 수많은 생명을 구했다는 게 사실일까요?

A 네. 1928년 스코틀랜드의 과학자 알렉산더 플레밍은 지저분한 실험용 접시에 낀 푸른곰팡이 주변의 세균이 모두 죽어 있는 것을 발견했어요. 오늘날 항생제로 쓰이는 페니실린을 바로 이 곰팡이로 만들어요.

Q 왜 예방 주사를 맞으면 병에 걸리지 않을까요?

A 예방 주사는 죽거나 힘이 약해진 병원체(세균)를 일부러 우리 몸에 집어넣는 거예요. 이렇게 하면 우리 몸에 저항력이 생겨서 병에 걸리지 않아요.

Q 싱싱한 달걀과 상한 달걀은 어떻게 구별할까요?

A 달걀을 물에 담가 보면 알 수 있어요. 달걀이 오래되면 안에 공기가 들어가서 가스가 생기기 때문에 물에 둥둥 떠요. 싱싱한 달걀은 바닥에 가라앉지요. 물에 뜨는 달걀은 먹지 말아요!

Q 세계에서 가장 많은 사람을 태운
   다인승 자전거에는 한꺼번에 몇 명이 탔을까요?

A 35명. 이 자전거는 길이가 버스 두 대를 이어 붙인 것과 같아요.
   35명이 다 같이 페달을 밟아야 흔들리거나 넘어지지 않아요.

Q 헬리콥터가 발명되기 수백 년 전에 비슷한 기계를 고안했던 사람은 누구일까요?

A 레오나르도 다빈치. 이탈리아의 화가였던 다빈치는 프로펠러를 빙빙 돌리면 공중으로 떠오르는 기계를 생각해 내서 스케치로 남겼어요.

Q 아폴로 11호를 발사한 컴퓨터와 전자계산기 중 성능이 더 뛰어난 것은 무엇일까요?

A 아폴로 11호는 1969년에 최초로 사람을 태우고 달에 착륙한 우주선이에요. 이 우주선을 발사할 때 사용된 컴퓨터는 오늘날 우리가 사용하는 계산기보다 성능이 떨어져요.

Q 지구가 점점 가벼워지고 있다는 게 사실일까요?

A 네. 해마다 약 9만 9208톤의 가스가 대기권을 벗어나 우주로 사라지기 때문이에요. 하지만 이 정도는 지구에 큰 영향을 미치지 않아요.

Q 인터넷 케이블이 가장 많은 곳은 어디일까요?

A 바닷속. 바다 밑바닥에는 수백만 킬로미터에 이르는 케이블이 깔려 있어요. 이 케이블을 통해 전 세계 사람들이 데이터(정보)를 눈 깜짝할 사이에 주고받을 수 있지요.

Q 우주 엘리베이터는 무엇일까요?

A 쇠로 만든 밧줄을 지구 표면부터 우주 공간까지 연결하고 여기에 엘리베이터를 설치해 오르락내리락할 수 있게 만든 장치예요. 아직까지는 과학자들이 연구 중인 아이디어일 뿐이랍니다.

Q 통조림을 깡통 따개 없이 열 수 있는 방법이 있을까요?

A 놀랍게도 통조림은 깡통 따개보다 50년 가까이 앞서 발명되었어요. 깡통 따개가 없던 시절에는 끌과 망치로 통조림을 열어야 했지요.

Q 전 세계에서 인터넷을 사용하는 사람은 몇 명쯤 될까요?

A 45억 명 이상. 인터넷 사용 인구는 계속 늘어나기 때문에 정확히 몇 명이라고 말하기는 힘들어요.

Q 시험에 몇 번이나 떨어지고 양말 신기를 싫어했던 세계적인 과학자는 누구일까요?

A 알베르트 아인슈타인. 독일 출신의 천재 물리학자 아인슈타인은 수학과 과학을 제외한 다른 과목에는 별 관심이 없어서 시험을 망치기 일쑤였어요. 또 양말 신는 것을 몹시 귀찮아 했답니다.

Q '바이오닉옵터'가 무엇일까요?

A 잠자리 모양의 비행 로봇이에요. 바이오닉옵터는 파닥파닥 날갯짓을 하며 어떤 방향으로든 날 수 있고, 실제 잠자리처럼 제자리에 떠 있을 수도 있어요.

Q 주머니 속에서 녹은 초콜릿이 어떻게 전자레인지의 발명으로 이어졌을까요?

A 미국의 공학자 퍼시 스펜서는 마이크로파를 이용해 배의 위치를 추적하는 레이더 장비를 연구하다가 주머니 속에 넣어 둔 초콜릿이 모두 녹았다는 걸 알아차렸어요. 그리고 마이크로파가 음식을 뜨겁게 데울 수 있다는 사실에 착안해 얼마 뒤 전자레인지를 발명했지요.

Q 요하네스 구텐베르크는 누구일까요?

A 독일의 발명가. 구텐베르크는 1440년경 세계 최초의 인쇄기를 발명했어요. 이로써 책을 손으로 일일이 베껴 쓸 필요가 없어지자 사람들은 자기 생각을 더 쉽게 나눌 수 있게 되었어요.

Q 다른 사람과 악수하기를 꺼리던 과학자는 누구일까요?

A 루이 파스퇴르. 프랑스의 생물학자 파스퇴르는 병에 걸릴까 봐 일부러 악수를 피할 만큼 예민했답니다. 질병이 퍼지는 것을 막기 위한 효과적인 방법인 저온 살균법과 백신을 발견한 주인공이 파스퇴르였다는 것이 결코 우연은 아닌 듯해요.

Q 세계 최초로 비행기를 발명한 미국의 라이트 형제는 처음 비행기를 탈 사람을 어떻게 결정했을까요?

A 동전 던지기. 이긴 사람은 형 윌버였지만, 첫 비행은 제대로 이륙조차 못한 채 그대로 곤두박질치고 말았어요. 두 번째 비행 실험에서 동생 오빌이 마침내 약 12초 동안 하늘을 나는 데 성공했지요.

Q 세계 최초의 자동차는 바퀴가 몇 개였을까요?

A 3개. 1886년 독일의 공학자 카를 벤츠는 바퀴가 세 개 달린 마차에 휘발유 엔진을 장착한 '페이턴트 모터바겐'을 제작했어요. 많은 사람이 이것을 세계 최초의 자동차라고 생각해요.

Q '프랑켄버거'가 무엇일까요?

A 과학자들이 실험실에서 만든 고기예요. '시험관 고기'라고도 불러요. 프랑켄버거는 소 같은 동물의 줄기세포를 배양해서 만들어요. 실험에 사용된 동물이 죽지 않고 계속 살 수 있다는 게 큰 장점이지요.

Q 세계 최초의 이메일은 언제 보내졌을까요?

A 1971년. 오늘날 전 세계에서 오가는 이메일의 양은 하루에 약 3000억 통에 이르러요.

Q 원핵생물이란 무엇일까요?

A 박테리아처럼 하나의 세포로 이루어진 생명체를 말해요.
지구에 존재하는 모든 생명체는 약 38억 년 전에 나타난
원핵생물에서 진화하거나 발전한 거예요.

Q 서로 다른 두 분야에서 노벨상을 받은 여성 과학자는 누구일까요?

A 마리 퀴리. 폴란드 출신의 프랑스 과학자 마리 퀴리는 노벨 화학상과 물리학상을 받았어요. 라듐과 폴로늄 발견, 방사능 연구, 엑스선 기계 개발, 라듐 분리 등 퀴리가 과학계에서 이룬 성과는 눈부실 정도예요.

Q 언젠가는 과학의 힘으로 투명 망토를 만들 수 있을까요?

A 네. 투명 망토는 빛이 물체에 닿는 방식과 관련이 있어요. 빛이 물체에 닿았을 때 반사 또는 흡수되지 않고 안쪽으로 뚫고 들어가면 투명하게 보일 거예요. 과학자들은 이를 실현하기 위한 연구를 계속하고 있어요.

Q 세계 최초의 컴퓨터 프로그래머는 누구일까요?

A 에이다 러브레이스. 19세기 영국의 수학자 러브레이스는 '해석 기관'의 원리와 사용법을 설명하는 책을 썼어요. 이 기계 장치는 러브레이스의 스승인 찰스 배비지가 만든 원시 컴퓨터의 한 종류예요. 배비지는 '컴퓨터의 아버지'라고 불려요.

Q 컴퓨터 하드웨어와 소프트웨어의 차이점은 무엇일까요?

A 손으로 만질 수 있는 것과 없는 것. 하드웨어는 컴퓨터에서 키보드나 모니터, 마우스처럼 손으로 만질 수 있는 부분들이에요. 소프트웨어는 검색, 게임 등 컴퓨터로 할 수 있는 각종 프로그램을 통틀어 일컫는 말이고요.

Q 고대에도 여성 의사가 있었을까요?

A 네. 고대의 유명한 의사 가운데는 여성이 많아요. 고대 이집트의 페세쉐트는 왕실에서 파라오(왕)의 건강을 돌본 역사상 최초의 여성 외과 의사예요.

Q 리모컨이 없었을 때는 텔레비전 채널을 어떻게 바꾸었을까요?

A 직접 텔레비전 앞으로 가서 다이얼을 돌리거나 버튼을 눌러 채널을 바꾸었어요. 텔레비전이 처음 발명된 1920년대에는 채널이 고작 몇 개뿐이었고, 화면도 흑백이었어요.

Q 캐서린 존슨은 누구일까요?

A 아프리카계 미국인 여성 수학자. 미국항공우주국(NASA)에서 일하며 역사상 최초로 사람을 달로 보내는 데 이바지했어요. 우주 비행 궤도를 정확히 계산해 냈지요.

Q 컴퓨터는 처음부터 기계 장치를 이르는 말이었을까요?

A 아니요. 전기의 힘으로 움직이는 컴퓨터가 나오기 전에는 복잡한 계산을 사람들, 특히 여성이 일일이 직접 했어요. 이들을 '인간 컴퓨터'라고 불렀지요.

Q 중력과 냉장고 자석 중 어느 쪽이 힘이 더 셀까요?

A 냉장고 자석. 모든 물체를 지구 중심으로 끌어당기는 힘인 중력은 놀랍게도 자석보다 힘이 약해요.

Q 가장 멀리 날린 종이비행기는 얼마나 날았을까요?

A 약 70미터. 이 정도면 실제 여객기의 길이와 비슷해요. 한번 세계 신기록에 도전해 보지 않을래요?

Q 티라노사우루스는 스테고사우루스와 인간 중 어느 쪽과 더 가까운 시대에 살았을까요?

A 인간. 티라노사우루스가 살았던 시대는 스테고사우루스의 시대와는 약 8500만 년, 인류가 처음 나타난 시기와는 약 6500만 년 떨어져 있어요.

Q 거미줄은 얼마나 튼튼할까요?

A 거미줄을 엮어 만든 천은 총알도 뚫지 못할 만큼 엄청 튼튼해요! 가볍고 쭉쭉 늘어나는 특성 때문에 그렇지요.

Q 나뭇잎이 가볍게 흔들리는 소리, 숨소리, 속삭이는 소리 중 가장 작은 소리는 무엇일까요?

A 숨소리. 소리의 세기를 나타내는 단위는 데시벨이에요. 숨소리가 10데시벨로 가장 작고, 나뭇잎이 흔들리는 소리는 20데시벨, 속삭이는 소리는 30데시벨 정도예요. 모두 쉿!

Q 플라스틱 컵이 분해되는 데는 시간이 얼마나 걸릴까요?

A 약 450년. 영원히 분해되지 않는 플라스틱도 있어요. 그러니까 플라스틱은 되도록 적게 사용하고, 버릴 때는 꼭 '재활용'으로 분리수거하도록 해요!

Q 동물이 멸종하는 이유는 무엇일까요?

A 멸종의 주된 이유는 기후 변화, 치열한 먹이 경쟁, 서식지의 감소와 파괴 등이에요. 오늘날에는 사람들의 분별없는 행동 때문에 지구 역사상 가장 많은 동물이 사라질 위기에 빠져 있어요.

Q 초고속 열차의 모습은 어떤 동물을 떠올리게 할까요?

A 물총새. 물총새의 길쭉한 유선형 부리 모양을 본떠서 만든 초고속 열차는 조용하면서도 빠르게 달릴 수 있어요.

동물

Q 주사위 모양의 똥을 싸는 동물은 무엇일까요?

A 웜뱃. 창자 안에 홈이 패어 있어서 똥을 밀어낼 때 주사위처럼 각진 모양이 잡힌답니다.

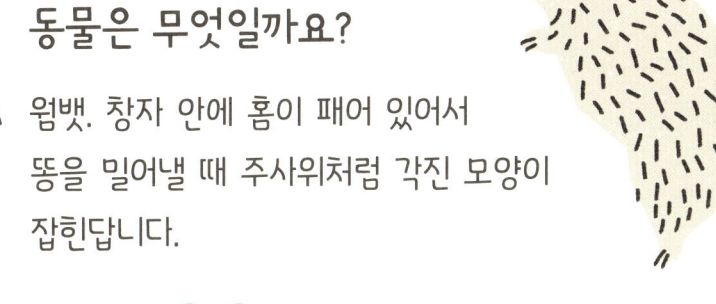

Q 한 번도 깨지 않고 3년 동안 잠잘 수 있는 동물은 무엇일까요?

A 달팽이. 연체동물인 달팽이의 또 다른 놀라운 점은 혀에 수많은 작은 이빨이 돋아 있다는 거예요.

Q 바다소에게 '방귀쟁이'라는 별명이 붙은 이유는 무엇일까요?

A 바다소는 몸집이 무척 크기 때문에 물속에서 떠오르려면 특별한 비법을 써야 해요. 튜브에 공기를 채워 넣듯 배 속에 가스를 잔뜩 모아 몸이 떠오르게 하는 거예요. 반대로 잠수를 하려면 가스를 내보내야 하는데, 이때 방귀를 엄청 뀐답니다. 뿡뿡뿡!

Q 북극곰은 흰색일까요?

A 아니에요. 북극곰은 피부는 검은색이고 털은 흰색이 아니라 거의 투명해요.

Q 뒤로 날 수 있는 새가 있을까요?

A 네. 벌새는 뒤로 날 수 있는 유일한 새예요. 벌 같다는 의미에서 벌새란 이름이 붙었어요. 새 중에서 가장 작아요.

Q 하마의 몸에서 배어나는 분홍빛 액체는 젖인가요?

A 아니요. 불그스름한 액체는 하마의 피부를 촉촉하게 유지하고 햇볕에 타는 것을 막아 주는 체액이에요.

Q 가장 오래 살 수 있는 척추동물은 무엇일까요?

A 그린란드 상어. 과학자들이 발견한 한 그린란드 상어는 272~500살로 추정된다고 해요.

Q 똥을 일주일에 한 번만 누는 동물은 무엇일까요?

A 나무늘보. 대신 한 번에 엄청 많은 똥을 눠요. 똥의 무게만 약 1킬로그램인데, 이 정도면 커다란 파인애플 무게와 비슷해요.

Q 거미와 가리비 중 눈이 더 많이 달린 동물은 무엇일까요?

A 가리비. 거미의 눈은 많아야 12개예요. 하지만 가리비는 눈이 200개 달린 것도 있답니다.

Q 소, 말, 기린의 공통점은 무엇일까요?

A 눕지 않고 서서 잠을 자요. 하지만 안전하다고 판단하거나 아주 피곤할 때는 앉거나 누워서 자기도 한답니다.

Q 어디선가 바나나 냄새가 날 때는 무엇을 확인해야 할까요?

A 주변에 아프리카화 꿀벌이 있는지 살펴야 해요. '살인벌'이라는 별명이 붙은 이 꿀벌은 공격하기 전에 바나나와 비슷한 냄새를 풍기거든요.

Q 태어나기 전에 자기 형제자매를 잡아먹는 동물은 무엇일까요?

A 모래뱀상어. 이 상어는 어미의 배 속에서 가장 먼저 부화된 새끼 한 마리가 아직 깨어나지 않은 알이나 자기보다 약한 새끼를 잡아먹으며 힘을 키워요. 세상 밖으로 나올 때는 이미 무시무시한 사냥꾼이 되어 있는 셈이지요!

Q 나비의 발은 어떤 역할을 할까요?

A 맛을 느껴요. 나비는 미각이 뛰어나 입뿐이 아니라 발로도 맛을 느끼면서 맛있는 꿀을 찾아낸답니다. 나비의 더듬이는 냄새를 맡는 후각 기관이에요.

Q 오리너구리는 알에서 태어나는데 왜 포유동물일까요?

A 포유동물은 새끼를 낳아 젖을 먹여 키우는 동물을 말해요. 오리너구리는 알을 낳지만 새끼에게 젖을 먹여 키우는 특이한 동물이에요. 젖꼭지는 따로 없고 어미의 배에서 젖이 배어나지요.

Q 복어 한 마리가 품은 독의 양은 얼마나 될까요?

A 사람 30명을 죽일 수 있을 정도예요. 복어 요리는 전문 자격증을 가진 요리사만 할 수 있어요!

Q 역사상 몸집이 가장 큰 육상 동물은 무엇일까요?

A 기가노토사우루스. 이 공룡은 몸길이가 12~14미터, 몸무게는 최대 11톤이나 되었어요. 흰코뿔소보다 다섯 배쯤 더 컸지요. 하지만 약 9700만 년 전에 지구에서 모두 사라졌어요.

Q 갓난아이와 나무늘보와 코알라 중 최고의 잠꾸러기는 누구일까요?

A 코알라. 코알라는 하루에 최대 22시간까지 잘 수 있어요. 갓난아이는 최대 16시간, 나무늘보는 10시간 정도를 잔답니다.

Q 개는 왜 한쪽 다리를 들고 오줌을 눌까요?

A 그래야 오줌 방울이 위로 튀겨서 그 냄새를 맡은 다른 동물들이 자신을 실제보다 더 크고 무서운 상대로 생각할 수 있기 때문이에요.

Q 약 1만 년 전인 마지막 빙하 시대에 살던 비버는 몸집이 얼마나 컸을까요?

A 오늘날의 큰 곰과 비슷했어요.

Q 개, 개구리, 생쥐, 원숭이, 초파리, 거북의 공통점은 무엇일까요?

A 우주여행을 한 경험이 있어요!

Q 토끼는 오르막과 내리막 중 어디서 더 빠르게 뛸 수 있을까요?

A 오르막. 토끼는 앞다리보다 뒷다리가 훨씬 긴 데다 힘도 좋아서 오르막길을 겅중겅중 재빠르게 뛰어오를 수 있어요.

Q 이빨이 수천 개나 되는 동물은 무엇일까요?

A 민달팽이. 민달팽이의 입안에는 수천 개의 작은 이빨이 돋아 있어요. 먹이를 갉아 먹을 때 유용하지요.

Q 유니콘은 실제로 존재할까요?

A 아쉽게도 아니에요. 이마에 은빛 뿔이 달린 유니콘은 이야기 속에 나오는 환상의 동물이에요.

Q 하이에나는 죽은 짐승의 고기만 먹을까요?

A 아니요. 발달된 후각을 이용해 살아 있는 짐승을 직접 사냥하기도 해요.

Q 소가 주저앉으면 곧 비가 내린다는 게 사실일까요?

A 아니요. 하지만 반려견 중에는 폭풍을 예측할 수 있는 녀석들도 있어요. 개가 평소보다 더 많이 코를 킁킁대거나 짖으면 곧 폭풍이 불어닥칠지도 몰라요.

Q 아침밥으로 자기 똥을 먹는 동물은 무엇일까요?

A 카피바라. 카피바라가 아침에 누는 똥에는 전날 먹었던 풀의 영양분이 가득 들어 있답니다.

Q 거의 매번 일란성 네쌍둥이를 낳는 동물은 무엇일까요?

A 아홉띠아르마딜로.

Q 지구에 사는 생물은 몇 종이나 될까요?

A 과학자들은 약 870만 종이 있을 것이라 생각해요.

Q 영원히 사는 동물이 있을까요?

A 네. 이탈리아에 서식하는 홍해파리는 죽을 때가 되면 번데기처럼 변해서 다시 어린 모습으로 돌아가요. 잡아먹히거나 병에 걸리지 않는 한 영원히 살아간다고 해요.

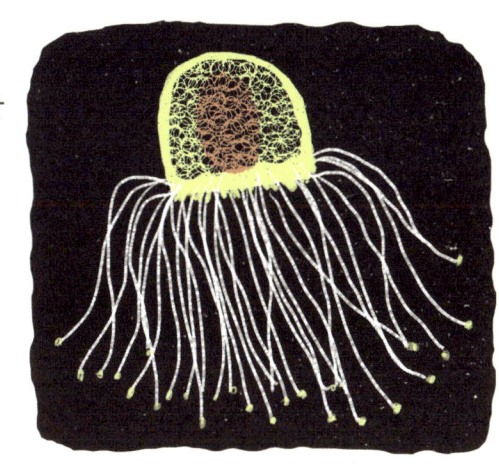

Q 대왕고래가 물속에서 방귀를 뀌었을 때 생기는 기포는 얼마나 클까요?

A 말 한 마리가 들어갈 수 있을 만큼 엄청나게 커요.

Q 사람처럼 눈싸움을 하며 노는 동물은 무엇일까요?

A 일본원숭이. 놀이를 즐기는 동물은 또 있어요. 돌고래들은 물속에서 코코넛으로 캐치볼을 한답니다.

Q 어른 코끼리가 절대 할 수 없는 일은 무엇일까요?

A 제자리 뛰기. 어른 코끼리는 덩치가 너무 커서 뛰지 못해요.

Q 수컷이 새끼를 낳는 동물도 있을까요?

A 네. 해마는 수컷이 배에 달린 육아 주머니에서 수정란을 키워 부화한 뒤 세상 밖으로 내보내요.

Q 새우는 심장이 어디 있을까요?

A 머리에 달렸어요.

Q 박쥐는 어떻게 잠을 잘까요?

A 천장에 거꾸로 매달려서. 이런 자세가 재빨리 날아오르기 쉬워요. 천장에서 발을 떼고 날개만 퍼덕거리면 되거든요.

Q 빈투롱의 오줌에선 어떤 냄새가 날까요?

A 고소한 팝콘 냄새! 빈투롱은 작은 곰처럼 생겼지만 실제로는 사향고양잇과 동물이에요. 검은 털이 온몸을 무성하게 덮고 있지요.

Q 다리가 가장 많이 달린 동물은 무엇일까요?

A 일라켐 플레니페스 노래기. 몸길이는 2~3센티미터밖에 안 되지만 다리는 750개나 돼요.

Q 킨카주의 특징은 무엇일까요?

A 너구리의 한 종류인 킨카주는 고개만 뒤로 돌리면 뒤로도 빠르게 갈 수 있어요. 주로 나무 위에서 생활하며, 야행성이라 밤에 활동해요.

Q 두꺼비를 만지면 정말 사마귀가 생길까요?

A 아니요. 두꺼비의 등이 우둘투둘해서 생겨난 헛소문일 뿐이에요.

Q 고양이, 악어, 개코원숭이, 물고기, 뱀, 개의 공통점은 무엇일까요?

A 모두 고대 이집트에서 미라로 만들었던 동물이에요.

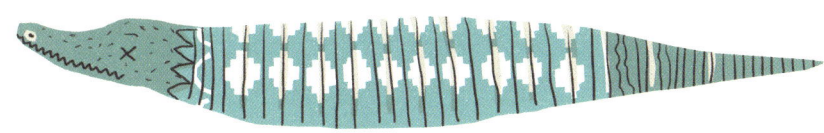

Q 판다의 식사 시간은 하루에 얼마나 될까요?

A 16시간. 판다는 거의 온종일 대나무를 우적우적 씹어 먹어요.

Q 지금부터 약 5000만 년 전에 고래는 어디에 살았을까요?

A 육지. 고래의 조상이 남긴 화석과 흔적을 연구한 결과, 그 시대의 고래들은 다리가 네 개 있었고, 바다가 아닌 강가에 살았다는 게 밝혀졌어요.

Q 사람이 개구리만큼 혀가 길다면 혀를 쑥 내밀었을 때 몸의 어느 부분까지 내려올까요?

A 배꼽.

Q 유인원 중 유일하게 말을 할 수 있는 종은 무엇일까요?

A 인간. 침팬지와 고릴라도 소리와 신호로 의사소통을 해요. 하지만 오직 인간이 복잡한 언어 체계를 갖고 있지요.

Q 포유류, 조류, 어류, 양서류, 파충류, 무척추동물 중 종 수가 가장 많은 것은 무엇일까요?

A 무척추동물. 무척추동물은 달팽이, 지렁이, 해파리처럼 등뼈가 없는 동물을 말해요.

Q 바퀴벌레의 머리를 자르면 어떻게 될까요?

A 바퀴벌레는 머리가 없어도 일주일 넘게 살 수 있어요. 몸으로 숨을 쉬고, 몸에 조그만 뇌까지 있거든요.

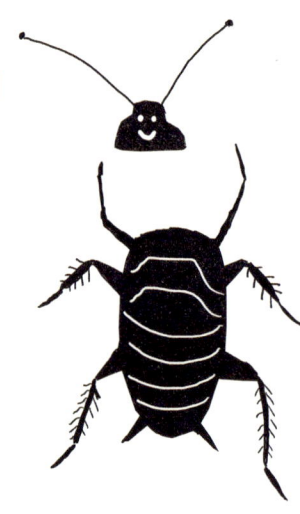

Q 꿀벌이 좋아하는 꽃 색깔은 무엇일까요?

A 노란색, 파란색, 보라색.

Q 홍학은 왜 분홍빛을 띨까요?

A 분홍색 해조류와 새우를 주로 먹기 때문이에요.

Q 세계에서 가장 빠른 동물은 무엇일까요?

A 송골매. 송골매가 물속으로 다이빙하는 속도는 치타가 달리는 속도보다 세 배나 빨라요.

Q 친구와 손을 꼭 붙잡고 자는 동물은 무엇일까요?

A 해달. 바다에 누워서 자는 해달은 해류에 떠내려가지 않도록 친구나 가족과 서로 앞발을 붙잡고 자요. 상상만 해도 귀엽지요?

자연 세계

Q 세계에서 화산 폭발이 가장 많이 일어나는 곳은 어디일까요?

A 태평양 바닷속! 태평양 밑에 있는 이곳을 '불의 고리'라고 불러요.

Q 세계에서 인구가 가장 많은 도시는 어디일까요?

A 일본 도쿄. 도쿄는 주변 지역을 포함한 인구가 3700만 명이 넘는 초거대 도시예요.

Q 적조 현상이 무엇일까요?

A 바다에 사는 아주 작은 생물인 식물 플랑크톤이 갑자기 어마어마하게 늘면서 바닷물이 붉게 물든 것처럼 보이는 현상이에요.

Q 구름 한 덩어리의 평균 무게는 얼마일까요?

A 약 550톤. 이는 아프리카코끼리 약 80마리의 몸무게를 합친 것과 같아요.

Q 지진은 전 세계에서 하루에 몇 번이나 일어날까요?

A 약 50번. 다행히 대부분 인간이 느낄 수 없을 만큼 약한 지진이에요.

Q 오늘날 세계의 열대 우림은 얼마나 많이 파괴되고 있을까요?

A 축구장 넓이의 열대 우림이 1초에 하나씩 계속 사라지고 있어요.

Q 배수구로 빠져나가는 물은 어느 방향으로 움직일까요?

A 어디에 사느냐에 따라 달라요! 북반구에서는 시계 방향, 남반구에서는 시계 반대 방향으로 빙빙 돌며 빠져나가지요. 적도에서는 돌지 않고 일직선으로 내려갈 거예요.

Q 빗방울의 크기는 도대체 어느 정도일까요?

A 전문가들에 따르면 빗방울의 크기는 지름 0.5~6밀리미터 정도예요.

Q 겨울 뇌우란 무엇일까요?

A 천둥과 눈 폭풍이 동시에 일어나는 현상을 뜻해요.

Q 보통 크기의 나무 한 그루로 연필을 몇 자루 만들 수 있을까요?

A 약 17만 자루.

Q 세계에서 가장 넓은 사막은 어디일까요?

A 남극. 차가운 얼음으로 덮인 남극은 뜨거운 모래로 뒤덮인 사막보다 훨씬 더 건조해요. 그래서 '하얀 사막'이라고 부르지요.

Q 나이테 연대 학자가 하는 일은 무엇일까요?

A 나무의 몸통 안쪽에 있는 둥근 고리 모양의 나이테를 살펴서 나무의 나이를 가늠하는 일을 해요.

Q 세계에서 가장 큰 섬은 어디일까요?

A 그린란드. 대서양과 북극해 사이에 있는 그린란드는 같은 섬나라인 영국보다 10배쯤 더 커요.

Q 먹으면 기분이 좋아지는 과일은 무엇일까요?

A 바나나. 바나나에는 가라앉은 기분을 들뜨게 하는 성분이 있어요.

Q 산호초의 성장 속도는 어느 정도일까요?

A 산호초는 1년에 어른의 새끼발가락 길이와 비슷한 2.5센티미터까지 자라요.

Q 얼음 호텔은 어떤 곳일까요?

A 말 그대로 얼음으로 지은 호텔이에요. 스웨덴이나 핀란드 같은 아주 추운 나라에서 볼 수 있어요. 으악, 춥겠다!

Q 열기구를 타고 출근하는 사람들은 누구일까요?

A 열대 우림 전문 연구자. 이들은 열기구를 타고 숲 위를 날면서 생태계를 관찰해요.

Q 사해에는 왜 '죽음의 바다'라는 뜻의 이름이 붙었을까요?

A 물에 소금기가 지나치게 많아서 어떤 생물도 살 수 없기 때문이에요. 하지만 덕분에 수영을 못하는 사람도 사해에서는 쉽게 둥둥 뜰 수 있어요.

Q 하늘에서 떨어지는 빗물의 나이는 몇 살일까요?

A 공룡의 나이보다 훨씬 많아요! 빗물은 수증기가 되어 하늘로 올라가서 다시 비로 내리거든요. 이를 '물의 순환'이라고 해요.

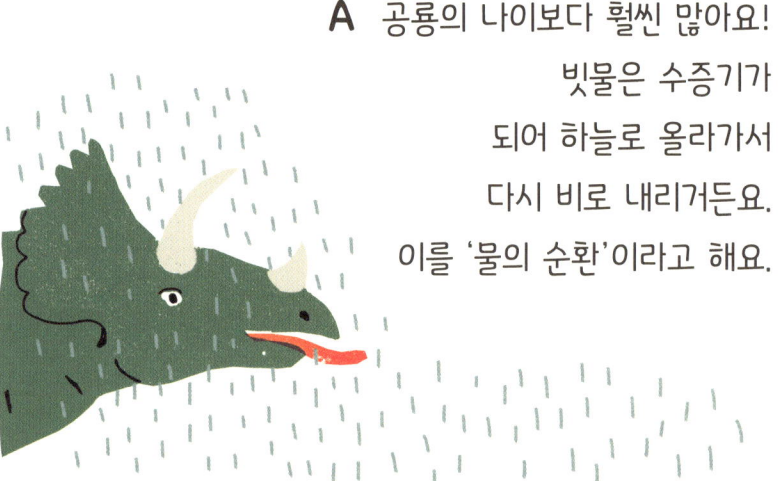

Q 오래전 사람들은 다이아몬드를 무엇이라고 생각했을까요?

A 하늘에서 떨어진 별똥별 조각.

Q 상어와 나무 중 지구에 먼저 살기 시작한 것은 무엇일까요?

A 상어. 상어는 약 4억 5000만 년 전, 나무는 약 4억 년 전부터 지구에 존재했어요.

Q 천둥 공포증이 무엇일까요?

A 천둥과 번개를 병적으로 무서워하는 증상이에요.

Q 높이가 93미터에 이르는 '자유의 여신상'보다 더 큰 나무가 있을까요?

A 네. 미국 캘리포니아주에는 높이가 약 115미터에 이르는 삼나무가 있어요. '하이페리온'이라는 이름이 붙은 이 삼나무가 세상에서 가장 큰 나무랍니다.

Q 달무지개가 무엇일까요?

A 달무지개는 햇빛이 아닌 달빛이 만들어 낸 무지개예요. 몹시 드물게 생기는 데다 뚜렷하지도 않아서 실제로 보기는 힘들어요.

Q 지구 표면의 대부분을 이루는 것은 물일까요, 육지일까요?

A 물. 지구 표면의 70퍼센트는 물로 덮여 있어요.

Q 세계에서 가장 큰 씨앗은 무엇일까요?

A '코코 드 메르'라는 야자의 씨앗. 씨앗 한 개의 무게가 다섯 살짜리 아이의 몸무게와 비슷해요. 30킬로그램까지 나가는 것도 있답니다.

Q 열대 우림의 나무는 건물 몇 층 높이까지 자랄 수 있을까요?

A 20층. 열대 우림에서는 높이가 90미터나 되는 나무들을 쉽게 볼 수 있어요.

Q 하늘에서 내리는 눈은 무슨 색깔일까요?

A 눈은 색이 없어요! 모든 빛을 반사하고 굴절시키기 때문에 흰색처럼 보이지요.

Q 번개의 온도는 얼마나 될까요?

A 번개의 온도는 최고 섭씨 3만 3300도에 다다라요. 태양 표면보다 다섯 배나 뜨겁답니다. 앗, 뜨거워!

Q 동물들의 화장실 역할을 하는 식물은 무엇일까요?

A 벌레잡이통풀. 새들은 이 식물의 수액을 마시고 주머니처럼 생긴 꽃에 똥을 눠요. 그 똥이 식물을 자라게 하는 영양분이지요. 서로서로 돕고 사는 거랍니다!

Q 햇빛을 받아 뜨거워진 보도블록 위에서 달걀이 익을까요?

A 많은 사람이 이런 실험을 해 봤지만, 답은 '익지 않는다'예요. 하지만 햇빛을 받은 여름철 보도블록은 아주 뜨거울 수 있으니 발바닥에 화상을 입지 않도록 조심해야 해요.

Q 남극에 개를 데리고 가도 될까요?

A 안 돼요. 질병을 옮겨서 생태계를 위험에 빠뜨릴 수 있기 때문에 개를 데리고 가는 것은 금지되어 있어요.

Q 태평양은 얼마나 넓을까요?

A 태평양은 지구 표면의 30퍼센트 이상을 차지할 만큼 어마어마하게 넓어요.

Q 하늘에서 비가 내리듯 물고기가 하늘에서 떨어질 수 있을까요?

A 네. 바다나 호수에서 용오름이라는 회오리바람이 일어 물속의 물고기들을 빨아올려 구름에 전달하고, 물고기를 품은 구름이 바람을 타고 흘러가다가 다른 장소에서 물고기를 쏟아 버릴 때가 있어요. 물고기 대신 개구리나 뱀이 떨어질 수도 있지요. 자주 일어나는 현상은 아니니 걱정하지 말아요!

Q 100년에 한 번 꽃을 피우는 식물은 무엇일까요?

A 푸야 라이몬디. '안데스의 여왕'이라고도 불리는 이 식물은 80~100년에 한 번씩 꽃을 피워요.

Q 전 세계에서 비가 전혀 오지 않는 곳은 어디일까요?

A 칠레 북부에 있는 아타카마사막의 일부 지역은 지금까지 50년 넘게 비가 한 방울도 내리지 않았어요.

Q 열대 우림에 서식하는 동물은 얼마나 많을까요?

A 지구에 존재하는 동물 종 가운데 거의 절반이 열대 우림에 살아요.

Q 약 50억 년 뒤에 태양은 어떻게 될까요?

A 태양 중심핵의 수소 연료가 다 떨어지고 현재 크기의 20~50배까지 팽창한 적색 거성이 되어 주변의 행성들을 삼켜 버릴 거예요.

Q 지금 이 순간 전 세계에서 번개가 얼마나 칠까요?

A 번개는 지구 곳곳에서 1초에 40~50번씩 끊임없이 쳐요. 1년에 거의 14억 번이나 번개가 치는 셈이지요!

Q 왜 1815년을 '여름이 없었던 해'라고 할까요?

A 그해에는 인도네시아의 탐보라 화산이 대폭발을 일으켰어요. 어마어마한 화산재 구름이 생겨나 태양을 완전히 가리면서 전 세계의 기온이 뚝 떨어져 여름이 평소만큼 덥지 않았지요.

Q 빙산이 울부짖는다는 게 진짜일까요?

A 네. 빙산이 점점 녹아서 트럭만 한 크기가 되면 안쪽에 갇혀 있던 공기가 빠지면서 짐승이 울부짖는 것 같은 소리가 나요.

Q 세계에서 제일 긴 강은 무엇일까요?

A 아프리카 동북부를 흐르는 나일강.

Q 남극의 계절은 어떻게 나뉠까요?

A 여름과 겨울.

Q 지구에서 가장 더운 곳과 가장 추운 곳은 어디일까요?

A 가장 더운 곳은 이란의 루트사막, 가장 추운 곳은 남극이에요.

Q 토네이도와 허리케인 중 속도가 더 빠른 것은 무엇일까요?

A 토네이도.

Q 당근은 원래 주황색이었을까요?

A 아니요. 오래전 당근의 색깔은 지금과 달리 보라색, 노란색, 흰색, 빨간색, 그리고 검은색까지 다양했어요. 주황색 당근이 나온 것은 약 400년 전부터예요.

Q 지구의 자전 속도는 얼마나 될까요?

A 지구는 적도 부근에서는 초속 465미터의 속도로 자전해요. 하지만 남극점과 북극점은 팽이의 축처럼 위치가 고정되어 있기 때문에 자전 속도가 0이지요!

Q 사하라사막에 있는 모래알은 몇 개일까요?

A 약 1,504,000,000,000,000,000,000,000개로 추정돼요. 그런데 이걸 하나씩 다 셀 수 있을까요?

Q 열매의 겉에 씨가 박힌 과일은 무엇일까요?

A 딸기, 라즈베리, 블랙베리 등.

Q 나무도 서로 의사소통을 할까요?

A 어떤 나무들은 동료에게 위험한 상황을 알릴 수 있어요. 아카시아나무는 기린이 자신의 잎을 지나치게 뜯어먹는다 싶으면 독성 물질을 내보내서 더는 못 먹게 해요. 그리고 가스를 내뿜어 주변 나무에게도 알리지요. 경고 메시지를 전해 받은 나무들은 똑같은 방법으로 잎에서 이상한 맛이 나게 만들어요.

우주

Q 은하계가 무엇일까요?

A 수십억 개의 별과 행성, 먼지, 가스 등으로 이루어진 거대한 천체 집단이에요. 지구가 속한 은하계를 '우리은하'라고 불러요.

Q 금성에서는 생일 케이크를 얼마나 자주 먹을 수 있을까요?

A 매일! 금성의 하루는 지구의 1년보다 더 길거든요. 그러니까 금성에서 태어나면 날마다 생일일 거예요.

Q 태양 안에 지구를 넣는다면 몇 개나 들어갈까요?

A 100만 개 이상.

Q 국제 우주 정거장이 무엇일까요?

A 지구 주위를 빙빙 도는 거대한 우주선이에요. 전 세계에서 온 우주 비행사들이 이곳에 머물며 임무를 수행해요.

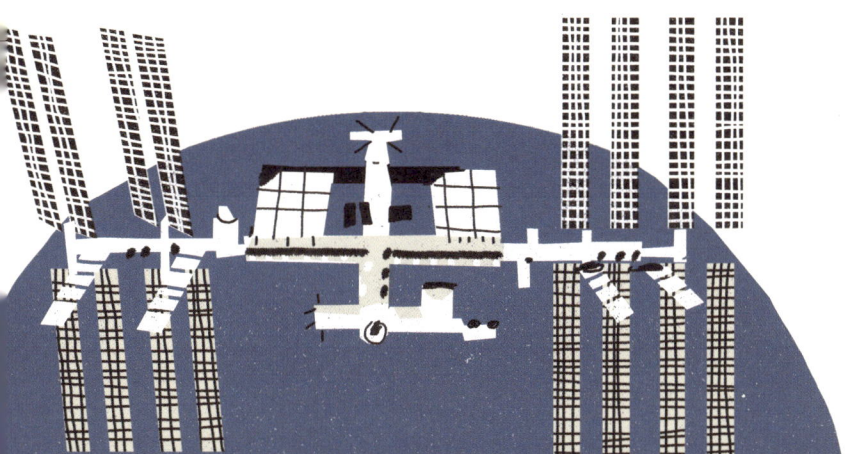

Q 푸른 노을을 볼 수 있는 행성은 어디일까요?

A 화성. 화성에서 보는 하늘은 보통 붉은색이에요. 하지만 노을이 질 때는 태양 근처의 미세한 먼지 때문에 하늘이 파랗게 보여요.

Q '광년'이란 정확히 무엇일까요?

A 1년 동안 빛이 나아가는 거리를 뜻해요. 1광년은 약 9조 4600억 킬로미터예요.

Q 태양계에서 발로 땅을 디딜 수 없는 행성은 어디일까요?

A 목성, 토성, 천왕성, 해왕성. 이 행성들에는 땅이 아예 없거든요. 대부분 수소와 헬륨 같은 기체로 이루어져 있어서 '거대 가스 행성'이라고 불러요.

Q 우주 비행사들은 빨래를 어떻게 할까요?

A 국제 우주 정거장에는 세탁기가 없어요. 그래서 빨랫감은 쌓아 두었다가 일회용 우주선에 실어 지구로 보내요. 일회용 우주선은 대기권 안으로 들어서면 스스로 불타 없어져요.

Q 세계와 우주의 차이점은 무엇일까요?

A 세계는 지구에 한정된 말이고, 우주는 행성, 달, 별, 은하계 등 모든 것을 아우르는 말이에요.

Q 우주 공간에서 방귀를 뀌면 위험한가요?

A 방귀에는 불붙기 쉬운 메탄이라는 가스가 들어 있어요. 하지만 지금까지 방귀에 불이 붙어서 문제가 된 적은 없어요. 진짜 문제는 우주 공간에서는 방귀 냄새가 더 오래간다는 거예요!

Q 우리은하에 존재하는 별은 몇 개나 될까요?

A 과학자들은 1000억~4000억 개 정도일 거라고 추정해요.

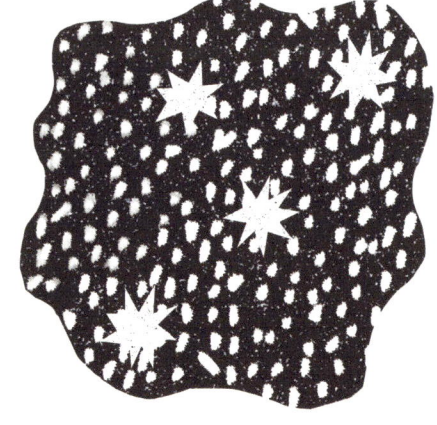

Q 2001년에 국제 우주 정거장에 배달된 아주 특별한 물건은 무엇일까요?

A 피자 한 판. 역사상 최초로 우주 공간에 배달된 이 피자는 도착하는 데 꼬박 이틀이 걸렸어요.

Q 우주 공간에서는 어떤 냄새가 날까요?

A 우주 비행사들의 말에 따르면, 고기 굽는 냄새 또는 금속을 불에 그을린 냄새가 난다고 해요!

Q 태양에서 출발한 빛이 지구에 도착하는 데 걸리는 시간은 얼마일까요?

A 약 8분 20초.

Q 우주 비행사들은 오줌을 어떻게 처리할까요?

A 재활용해요. 오줌을 걸러 불순물을 깨끗이 제거한 뒤에 마시는 물로 사용하지요.

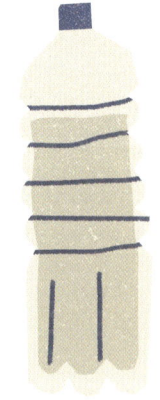

Q 우주의 나이는 몇 살일까요?

A 약 138억 살.

Q 태양계의 행성들은 어느 방향으로 자전할까요?

A 금성은 시계 방향으로 돌아요. 천왕성도 시계 방향으로 돌지만 중심축이 많이 기울어져 있어요. 다른 여섯 행성은 모두 시계 반대 방향으로 돌아요.

Q 비행기 안에서처럼 우주선에서도 귀가 먹먹할까요?

A 아니요. 최신 우주선 안에서는 기압이 일정하게 유지돼요. 비행기에서는 기압의 변화가 있기 때문에 귀가 먹먹한 거예요.

Q 지구에서 발사된 로켓이 우주 공간까지 다다르는 데 걸리는 시간은 얼마일까요?

A 10분 이하.

Q 태양계의 가장 바깥쪽에 있는 있는 천체는 무엇일까요?

A 2018년에 발견된 파아웃(Farout)이라는 왜행성이에요. 태양에서 엄청 멀리 떨어져 있기 때문에 태양 궤도를 한 바퀴 도는 데 1000년이나 걸려요.

Q 궁수자리 A가 무엇일까요?

A 우리은하 한가운데 있는 블랙홀이에요. 블랙홀은 중력이 아주 강해서 주변의 모든 것을 빨아들여요.

Q 우주 비행사는 똥을 어떻게 처리할까요?

A 전용 용기에 모아 두었다 지구 쪽으로 발사해 대기권에서 불타 없어지게 해요. 똥 덩어리야, 잘 가!

Q '골디락스 존'이 무엇일까요?

A 우주에서 생명체가 존재하기에 알맞은 조건을 갖춘 지역을 가리키는 말이에요.

Q 태양계에서 거대한 폭풍 구름에 뒤덮인 행성은 무엇일까요?

A 해왕성. 이 행성에서는 강력한 폭풍과 번개가 끊임없이 친다고 해요.

Q 가족에게 알리지도 않고 지구를 떠났던 사람은 누구일까요?

A 유리 가가린. 러시아 출신의 세계 최초 우주 비행사인 가가린은 아내가 걱정할까 봐 우주여행을 떠나는 날짜를 끝까지 알려 주지 않았어요.

Q 우리가 걱정해야 할 이웃 은하계는 무엇일까요?

A 안드로메다 은하계. 앞으로 수십억 년 뒤에 우리은하와 충돌할 가능성이 있기 때문이에요. 꽝!

Q 우주 공간에서 온 힘을 모아 소리를 지르면 소리가 날까요?

A 아니요! 우주 공간은 아주 조용해요. 소리를 전달하려면 공기가 있어야 하는데, 우주에는 공기가 전혀 없거든요. 우주 비행사는 우주선 밖에 있을 때는 무선 통신기로 대화를 나누어요.

Q 왜 우주에서는 음식에 소금과 후추를 뿌릴 수 없을까요?

A 소금과 후춧가루가 둥둥 떠올라 흩어져 버리기 때문이에요. 그래서 우주 비행사들은 액체로 된 소금과 후추를 사용해요.

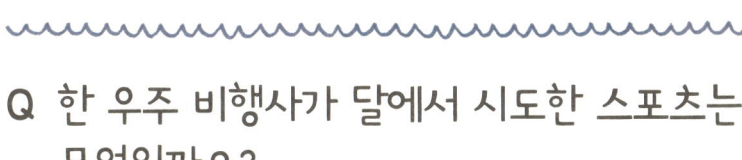

Q 한 우주 비행사가 달에서 시도한 스포츠는 무엇일까요?

A 골프. 1971년 미국의 우주 비행사 앨런 셰퍼드는 역사상 최초로 달에서 골프를 쳤어요.

Q 우주는 어떻게 생겨났을까요?

A 많은 과학자들이 우주가 거대한 폭발로 생겨났다고 생각해요. 이를 '빅뱅 이론'이라고 불러요.

Q 태양계에서 하루가 가장 짧은 행성은 어디일까요?

A 목성. 목성의 하루는 약 10시간밖에 안 돼요.

Q 우주 비행사들이 잠자기 전에 하는 일은 무엇일까요?

A 몸을 침대에 단단히 고정해요. 그러지 않으면 자는 동안 몸이 둥둥 떠올라 여기저기 부딪칠 수 있거든요.

Q '토하는 혜성'이 무엇일까요?

A 우주 비행사들이 무중력 상태에 적응하기 위해 타는 훈련용 제트기의 별명이에요. 롤러코스터처럼 급격한 자유 낙하를 반복하기 때문에 한 번 타고 나면 토하기 쉬워 붙여진 이름이지요.

Q 이집트의 피라미드, 그랜드캐니언, 아마존강 중 우주 공간에서도 보이는 것은 무엇일까요?

A 헷갈리게 해서 미안해요. 셋 다 보여요!

Q 우주 공간에서는 무거운 물체를 지구에서보다 쉽게 들어올릴 수 있을까요?

A 네. 지구에는 모든 물체를 아래로 끌어당기는 힘인 중력이 있어요. 하지만 우주 공간에서는 중력이 훨씬 약해서 물체가 가볍게 느껴져요.

Q 태양은 무엇으로 이루어져 있을까요?

A 태양은 거대한 공 모양의 뜨거운 기체 덩어리예요.

Q 지구 밖의 다른 행성에도 화산이 있을까요?

A 네. 과학자들이 화성에 화산이 있는 것을 발견했어요. '올림푸스 몬스'라는 이름의 이 화산은 태양계에서 가장 높은 화산이에요. 지구에서 가장 높은 에베레스트산보다 세 배쯤 더 높답니다.

Q 달에 발자국을 남기면 어떻게 될까요?

A 달에는 물도 바람도 없기 때문에 누가 일부러 지우지 않는 한 계속 남을 거예요. 처음 달 위를 걸었던 우주 비행사의 발자국이 지금도 남아 있어요.

Q '우주 유영'은 얼마나 오래 할 수 있을까요?

A '우주 유영'이란 우주 비행사가 우주선 밖으로 나가 활동하는 것을 뜻해요. 최대 8시간까지 할 수 있어요.

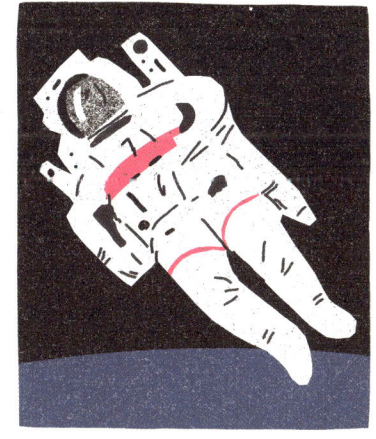

Q 우주와 지구를 나누는 경계선은 어디인가요?

A 과학자들은 지표면에서 약 100킬로미터 떨어진 곳부터를 우주라고 부르기로 정했어요. 이 경계선을 '카르만 선'이라고 한답니다.

Q 세계 최초의 여성 우주 비행사는 누구일까요?

A 러시아의 발렌티나 테레시코바예요. 1963년에 보스토크 6호를 타고 우주여행을 했어요.

Q 다이아몬드로 된 행성이 있을까요?

A 네! 지구에서 40광년 정도 떨어진 행성인 '게자리 55e'는 다이아몬드로 이루어져 있다고 해요. '보석 행성'이에요.

Q 옳은 말을 하고도 엄청난 고난을 겪었던 이탈리아의 천문학자는 누구일까요?

A 갈릴레오 갈릴레이. 갈릴레이는 태양이 지구 주위를 도는 게 아니라 지구가 태양 주위를 돈다는 지동설을 주장했다가 1633년부터 죽을 때까지 집 밖으로 나오지 못하는 벌을 받았어요. 오늘날 우리는 갈릴레이의 생각이 옳다는 것을 모두 알지요!

Q 우주복은 왜 모두 흰색일까요?

A 흰색은 열을 반사하기 때문에 우주복을 입은 사람이 체온을 일정하게 유지할 수 있어요.

Q 달에도 바다가 있을까요?

A 네. 하지만 이름만 바다일 뿐 지구처럼 물이 가득한 바다는 아니에요. 달에 있는 바다는 수십억 년 전 화산 폭발로 흘러내린 용암이 딱딱하게 굳어서 생긴 현무암 지대예요.

Q 토성까지 가는 데 걸리는 시간은 얼마나 될까요?

A 토성은 지구에서 1,200,000,000킬로미터쯤 떨어져 있어요. 지구를 출발한 우주선이 토성에 도착하려면 3~7년이 걸려요.

Q 국제 우주 정거장에서는 하루에 해가 뜨고 지는 모습을 몇 번 볼 수 있을까요?

A 국제 우주 정거장은 지구 주위를 90분에 한 바퀴씩 계속 돌아요. 따라서 매일 일출과 일몰을 16번씩 볼 수 있어요.

Q 우주 헬멧을 쓰고 있으면 콧잔등이 가려울 때 어떻게 긁을까요?

A 우주 헬멧 안쪽에는 가려운 곳을 긁을 수 있는 긁개가 붙어 있어요.

Q 벨카와 스트렐카는 누구일까요?

A 세계 최초로 우주여행을 마치고 돌아온 개들이에요.
벨카와 스트렐카는 1960년 8월 19일에 로켓을 타고 우주로 날아가
하루 동안 지구를 17바퀴나 돈 다음 무사히 지구로 돌아왔어요.

알쏭달쏭 잡학

Q 구골플렉스가 무엇일까요?

A 1 뒤에 0이 10,000,000,000,000,000,000,000,000,
000,000,000,000,000,000,000,000,000,000,000,
000,000,000,000,000,000,000,000,000,000,000,
000,000,000,000,000,000,000,000,000,000,000,
000,000,000개 붙은 수예요. 이것을 쓰려면 우주 공간 전체를 다 사용해도 모자라요!

Q 수학 문제를 풀기 전 뇌에는 어떤 일이 일어날까요?

A 뇌 안에 있는 눈이 감겨요. 문제 풀이에 집중할 수 있도록 뇌의 시각을 담당하는 부분이 잠깐 기능을 멈춘다는 뜻이에요. 마치 눈을 감으면 생각에 더 집중할 수 있어서 답을 빨리 떠올리는 것처럼요.

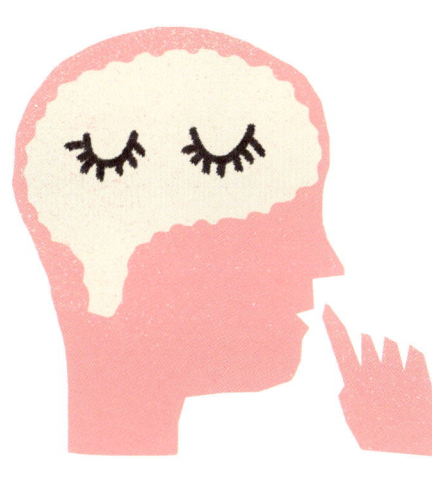

Q 주사위에서 서로 마주 보는 두 면의 수를 더하면 늘 같은 답이 나와요. 몇일까요?

A 7. 주사위를 가져와서 직접 확인해 보아요!

Q 전 세계에서 가장 많은 사람이 좋아하는 색깔은 무엇일까요?

A 한 설문 조사에 따르면 청록색이라고 해요. 여러분은 무슨 색깔을 가장 좋아하나요?

Q 수학에서 '0'을 처음 생각해 낸 사람은 누구일까요?

A 628년 인도의 수학자이자 천문학자 브라마굽타가 '비었다'는 뜻의 '순야'라는 말을 처음 생각해 냈어요. 수학에서 말하는 0의 뜻과 같지요. 순야는 수학이라는 학문에 많은 새로운 가능성을 열어 주었어요.

Q '큐빗'이 무엇일까요?

A 큐빗은 고대 이집트 시대에 썼던 측정 단위예요. 팔꿈치부터 가운뎃손가락 끝까지의 길이를 가리켜요. 1큐빗은 약 45.72센티미터예요.

Q 세상에 나와 똑같은 사람이 있을까요?

A 없어요. 우리는 저마다 세상에 한 명뿐인 아주 특별한 존재예요.

Q 무지개를 이루는 색깔을 위에서부터 말해 볼까요?

A 빨강, 주황, 노랑, 초록, 파랑, 남색, 보라.

Q 2008년 8월 8일은 왜 특별한 날이었을까요?

A 중국에서 숫자 8은 행운의 상징이에요. 따라서 2008년 8월 8일은 그야말로 행운이 넘치는 날이었지요. 이날 결혼식을 올린 부부만 수천 쌍이었어요. 그중에는 8명의 신부 들러리를 세우고 8개의 메뉴로 이루어진 식사를 준비한 경우도 있었어요.

Q 1조분의 1초를 가리키는 말은 무엇일까요?

A 1젭토초.

Q 우리 뇌에서 수를 기억하는 부분은 어디일까요?

A 귀 뒤쪽에 있는 측두엽 아랫부분이에요.

Q 수수께끼 타임! 코끼리만큼 거대하지만 무게가 전혀 없는 것은 무엇일까요?

A 코끼리 그림자.

Q 날씨 예보에도 수학이 필요할까요?

A 네. 날씨를 예측하려면 수증기, 기온, 대기, 바람 등 날씨에 영향을 주는 여러 요소의 관계를 분석해야 해요. 그러려면 복잡한 수학 계산이 필요한데, 최근에는 슈퍼컴퓨터가 이 계산을 대신한답니다.

Q 시간 여행이 실제로 가능할까요?

A 아직 아무도 몰라요. 과학자들이 서로 다른 시공간을 연결하는 통로인 '웜홀'에 대해 연구하는 중이에요.

Q 버뮤다 삼각 지대가 무엇일까요?

A 많은 비행기와 선박 사고가 일어나 '악마의 바다'로 알려진 대서양의 버뮤다섬 주변 지역을 가리켜요. 사고 이유를 두고 여러 주장이 있지만 아직까지 확실히 밝혀진 것은 없어요.

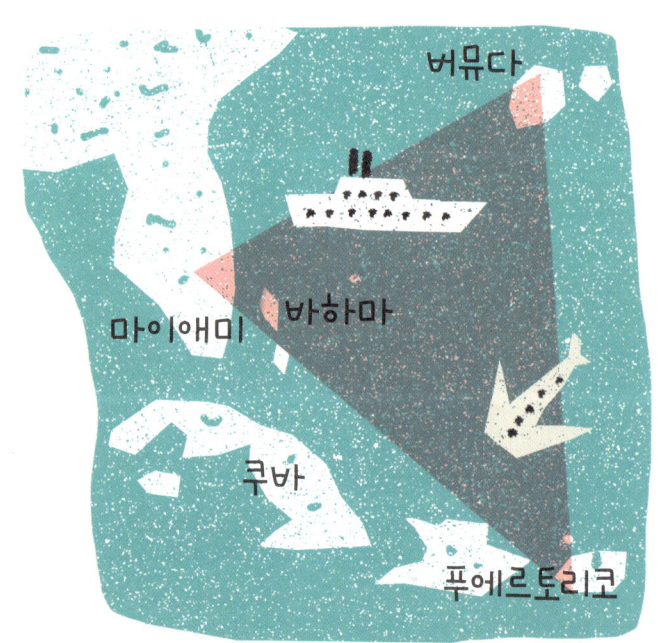

Q 지금까지 인류가 탐험한 바다는 전체의 몇 퍼센트쯤 될까요?

A 고작 5퍼센트밖에 안 돼요! 나머지 95퍼센트의 바다에는 아직 사람의 발길이 닿지 않았어요.

Q 왜 흰색 깃발이 항복을 상징할까요?

A 염색 기술이 덜 발달했던 옛날에는 그나마 흰색 천이 구하기 쉬웠어요. 또 흰색 깃발은 군대의 알록달록한 휘장과 헷갈릴 염려도 적었지요.

Q 잉카 사람들은 수를 셀 때 무엇을 이용했을까요?

A 잉카 사람들은 여러 길이의 알록달록한 끈의 매듭인 '키푸'를 이용했어요. 매듭의 모양과 색깔이 각각 다른 숫자를 나타내서 묶인 매듭을 보고 수를 헤아릴 수 있었지요.

Q 보는 순간 배가 고파지는 색깔은 무엇일까요?

A 과학자들은 빨간색과 노란색이 배고픔을 자극한다는 사실을 밝혀냈어요. 빨간색과 노란색으로 포장된 식품이 많은 이유도 그래서예요.

Q '찰나'와 '순식'은 모두 무엇을 나타내는 말일까요?

A 눈을 한 번 깜짝하거나 숨을 한 번 쉴 만한 '아주 짧은 시간'을 가리키는 말이에요.

Q 다각형이 무엇일까요?

A 삼각형 또는 사각형처럼 셋 이상의 직선으로 이루어진 평면 도형을 뜻해요.

Q 어떤 잠수함은 왜 노란색일까요?

A 노란색은 깊은 바닷속에서도 눈에 잘 띄기 때문에 다른 배들이 쉽게 발견할 수 있어요. 흔히 해양 연구용 잠수함을 노란색으로 칠해요.

Q '스파게티화(化)'란 무슨 뜻일까요?

A 블랙홀이 빨아들이는 중력의 힘이 너무 강해서 주변의 물체가 스파게티 가락처럼 길게 늘어나는 현상을 뜻해요. '국수 효과'라고도 해요.

Q 서양에서는 숫자 13을 왜 싫어할까요?

A 서양에서는 숫자 13을 불운의 숫자로 생각해요. 기독교에서 최후의 만찬에 초대된 예수의 제자 중 열세 번째로 온 유다가 예수를 팔아넘겼기 때문에 13을 불길하게 여기지요. 하지만 중국에서는 오히려 13을 행운의 숫자로 생각한답니다.

Q 문어의 피는 무슨 색깔일까요?

A 문어의 피에는 구리 성분이 있기 때문에 푸른빛을 띠어요. 사람의 피가 빨간색인 것은 철 성분이 있기 때문이에요.

Q 사람은 무서울 때 왜 눈이 커질까요?

A 두려움을 느낄 때 눈이 휘둥그레지는 이유는 눈앞에 벌어진 상황을 확실히 보기 위해서예요. 놀랐을 때도 똑같이 눈이 커지지요.

Q 잘린 머리를 찾기 위해 말을 타고 이리저리 돌아다니는 유령은 무엇일까요?

A 머리 없는 기수. 잘린 머리를 찾으러 다니는 이 유령에 대한 이야기는 중세 시대 아일랜드 민담에서 비롯되어 지금까지 전해져요.

Q 머리에 두 손을 올리는 행동은 어떤 숫자를 뜻할까요?

A 중세 시대에는 100만을 뜻했어요. 하지만 오늘날에는 그저 기지개를 켜는 것으로 생각할 거예요!

Q 수수께끼 타임! 세계를 돌아다니면서도 항상 구석에 붙어 있는 것은 무엇일까요?

A 우표.

Q 수를 세는 단위 '조'와 '해' 중에 더 큰 것은 무엇일까요?

A 해. 조는 1,000,000,000,000(0이 12개), 해는 100,000,000,000,000,000,000(0이 20개)예요.

Q 축구에서는 어떤 선수가 골을 넣을 확률이 가장 높을까요?

A 통계에 따르면 다른 선수보다 더 빨리, 더 오래 달리는 선수가 득점할 확률이 높아요.

Q 영국 여왕 엘리자베스 1세가 공식적으로 금지한 색깔은 무엇일까요?

A 보라색. 그 시대에 보라색 옷은 여왕과 왕실 가족들만 입을 수 있었어요. 나머지 사람들은 절대 넘볼 수 없는 색깔이었지요.

Q 고대 이집트 사람들은 시간을 어떻게 알 수 있었을까요?

A 그 시대에 시시각각 변하는 돌기둥의 그림자를 보고 시간을 짐작할 수 있는 장치인 해시계가 처음 발명되었어요. 하루를 24시간으로 처음 나눈 것도 고대 이집트 사람들이에요.

Q 오래전 말의 몸높이를 재던 단위는 무엇일까요?

A '손'을 뜻하는 영어 단어 핸드(hand). 옛날 농부들이 말의 몸에 두 손을 번갈아 가져다 대며 높이를 잰 것에서 비롯된 단위로, 1핸드는 약 10센티미터예요. 하지만 오늘날에는 미국과 영국 일부 지역에서만 사용해요.

Q 사람의 눈으로 볼 수 있는 색깔은 모두 몇 가지일까요?

A 사람마다 다르지만 일반적으로 약 1000만 가지 색깔을 볼 수 있어요.

Q 365일은 몇 분일까요?

A 52만 5600분.

Q 모든 수학 문제에는 답이 있을까요?

A 아니요. 수학에는 아직 답을 찾지 못한 문제들이 어마어마하게 많아요. 어떤 문제에는 엄청난 상금이 걸려 있기도 해요.

Q 땅콩버터 한 병에는 땅콩이 몇 알이나 들어 있을까요?

A 약 540알. 그런데 땅콩을 으깨서 잼처럼 만든 땅콩버터에 버터는 전혀 들어 있지 않아요!

Q 무한히 긴 시간을 뜻하는 불교 용어는 무엇일까요?

A 겁. 겁은 어떤 시간 단위로도 나타낼 수 없을 만큼 긴 시간이에요. 하늘과 땅이 한 번 태어나고 그다음 태어날 때까지의 시간을 뜻해요.

Q 지금은 몇 세기일까요?

A 어떤 달력을 사용하냐에 따라 달라요. 우리나라를 비롯한 대부분의 나라에서 사용하는 그레고리력으로는 21세기이고, 중국에서 쓰는 태음태양력으로는 48세기예요.

Q 한 방에 있는 스물세 사람 가운데 생일이 같은 사람이 있을 확률은 얼마일까요?

A 스물세 명 중 두 명의 생일이 같을 가능성은 50퍼센트예요. 와, 신난다!

Q 로마 숫자 표기법에 쓰이는 알파벳 일곱 자는 무엇일까요?

A I, V, X, L, C, D, M. 순서대로 1, 5, 10, 50, 100, 500, 1000을 뜻해요.

Q 어떤 수가 끝없이 계속 커지는 것을 뭐라고 부를까요?

A 무한대. 수학에서 무한대를 나타내는 기호는 ∞예요. 끝없이 계속 이어지는 것을 상징하는 모양이지요.

Q 알람 시계가 발명되기 전에는 아침에 어떻게 일어났을까요?

A 19세기 영국에는 고객의 침실 창문을 요란하게 두드려서 잠을 깨워 주고 돈을 버는 직업이 있었어요. 창문을 두드릴 때는 지팡이나 장난감 총을 사용했답니다.

Q 9가 왜 수학적으로 신기한 수일까요?

A 숫자 하나를 골라서 거기에 9를 곱해요. 그리고 답으로 나온 숫자를 각각 더하면 항상 9예요! 예를 들어 2×9=18이지요? 여기서 18의 1과 8을 더하면 9예요. 신기하지요? 다른 수로도 한번 계산해 보아요.

Q 소가 빨간색을 보면 흥분한다는 말은 사실일까요?

A 아니요. 소에게 빨간 천을 보여 주면 흥분한다는 건 잘못된 믿음이에요. 투우장에서 소가 흥분하는 건 천이 마구 흔들리기 때문이에요.

Q 평생은 몇 초일까요?

A 사람이 99살까지 산다고 치면 3,122,064,000초 동안 사는 셈이에요.

Q 과거를 보는 것이 가능할까요?

A 네. 밤하늘의 별빛을 보면 돼요. 빛이 광활한 우주를 여행하는 데는 오랜 시간이 걸려요. 그래서 우리가 눈으로 보는 별빛은 길게는 수백만 년 전의 빛이에요.

Q 수수께끼 타임! 말릴 때 젖는 것은 무엇일까요?

A 수건.

Q 메리 셀레스트호에서는 무슨 일이 일어났을까요?

A 아무도 몰라요. 이 배는 1872년에 선장과 선원들이 감쪽같이 사라진 상태로 항로를 벗어난 곳에서 발견되었어요. 그때 배에는 특별히 망가진 부분이 없었고, 식량과 돈도 고스란히 남아 있었답니다.

역사

Q 역사는 정확히 언제부터 시작되었을까요?

A 까다로운 질문이에요. 우주는 약 137억 년 전에 생겨났고, 지구에 생명체가 살기 시작한 건 약 38억 년 전이에요. 인류는 약 30만 년 전에 등장했답니다.

Q 고대 로마 사람들은 저녁 만찬 때 무엇을 먹었을까요?

A 홍학의 혓바닥, 구운 공작새, 꿀과 양귀비 씨로 덮은 겨울잠쥐 등이 그 시대의 대표적인 요리였어요. 로마 귀족들은 침대에 비스듬히 누운 채 오른손으로 음식을 먹었지요.

Q 흑사병이 무엇일까요?

A 14세기에 유럽과 아시아를 휩쓸었던 무시무시한 전염병이에요. 당시 수백만 명의 목숨을 앗아 갔던 이 병은 페스트균에 감염된 쥐벼룩이 원인이었어요.

Q 앨런 튜링이 누구일까요?

A 영국의 수학자. 튜링은 특히 암호 해독에 뛰어난 재능이 있었어요. 제2차 세계대전 때 나치스의 작전을 무력화시켜 연합군의 승리를 이끌어 내는 데 이바지했지요.

Q 고대 올림픽 경기는 오늘날 올림픽 경기와 어떻게 달랐을까요?

A 모든 선수가 벌거벗은 채 경기에 나섰답니다! 그리스 아테네에서 열린 고대 올림픽은 최고의 신 제우스를 기리기 위한 것으로 달리기, 전차 경주 같은 종목으로 이루어졌어요.

Q 역사상 왕좌에서 가장 빨리 내려온 왕은 누구일까요?

A 프랑스의 루이 19세예요. 1830년 왕위에 오른 루이 19세는 20분 만에 자신의 자리가 아니라는 걸 깨닫고 스스로 내려왔어요.

Q 미국의 초대 대통령 조지 워싱턴은 하마의 엄니를 어떻게 사용했을까요?

A 조지 워싱턴은 하마의 엄니로 자신의 틀니를 만들어 썼어요.

Q 고대 이집트 사람들은 여가 시간에 무엇을 했을까요?

A 보드게임을 하며 놀았어요. 가장 인기 있는 게임은 체스와 비슷한 세네트라는 놀이였어요. 심지어 무덤에 세네트 놀이판을 함께 묻을 정도였답니다.

Q 고대 그리스 최초의 의사는 환자의 병을 어떻게 알아냈을까요?

A 오늘날 '의학의 아버지'라고 불리는 고대 그리스의 의학자 히포크라테스는 환자의 병을 알아내기 위해 오줌, 귀지, 코딱지까지 직접 맛보았답니다!

Q 악명 높은 해적 '검은 수염'은 악마처럼 사납게 보이기 위해 어떤 행동을 했을까요?

A 불붙인 성냥을 모자 아래 넣거나 수염에 양초를 꽂고 불을 붙였어요. 이렇게 위험하기 짝이 없는 행동으로 '검은 수염'은 소름 끼치게 무시무시한 인간의 상징이 되었지요.

Q 중세 시대 기사들이 입었던 갑옷은 얼마나 무거웠을까요?

A 일곱 살짜리 어린이의 몸무게와 비슷했어요. 갑옷을 입고 넘어지면 다시 일어나기가 몹시 힘들었을 거예요!

Q 제1차 세계대전 때 영국 군인들은 군화를 어떻게 신었을까요?

A 당시 군화는 뻣뻣한 가죽으로 만들어서 발에 물집이 잡히기 일쑤였어요. 그래서 영국 군인들은 군화 안에 오줌을 누고 하룻밤 동안 불려 가죽을 부드럽게 해서 신었어요.

Q 중세 시대의 성들은 왜 계단이 모두 나선형일까요?

A 그때는 성을 지을 때 일부러 계단을 좁고 울퉁불퉁한 데다 빙빙 돌아서 올라가야 하는 나선형으로 만들었어요. 적들이 계단을 뛰어오르면서 검을 휘두를 여유가 없게 하기 위해서였지요. 급히 계단을 오르다가 굴러떨어지는 사람도 많았어요.

Q 핫 초콜릿을 유난히 좋아했던 고대의 통치자는 누구일까요?

A 아스테카 왕국의 몬테수마 2세. 이 황제는 핫 초콜릿을 많게는 하루에 50잔씩 마셨다고 해요.

Q 역사상 최초로 마라톤을 완주한 사람은 누구일까요?

A 마라톤은 고대 그리스의 한 병사가 전투에서 승리했다는 소식을 전하기 위해 마라톤이라는 마을에서 아테네까지 달려간 일화에서 비롯되었어요. 이 병사가 달린 거리는 42.195킬로미터였는데, 오늘날 마라톤 경주에서도 이와 똑같은 거리를 달린답니다.

Q 역사상 최고의 부자는 누구였을까요?

A 14세기 서아프리카 말리 왕국의 왕이었던 만사 무사. 그때 말리는 전 세계 황금의 70퍼센트와 소금의 50퍼센트를 생산해서 엄청난 부를 쌓은 나라였어요.

Q 버스 안에서 끝까지 자리를 지킴으로써 역사를 바꾼 사람은 누구일까요?

A 아프리카계 미국인 인권 운동가 로사 파크스예요. 1955년 12월 1일, 로사 파크스는 버스에서 백인 승객에게 자리를 양보하지 않았다는 이유로 법을 어긴 범죄자가 되었어요. 이 사건을 계기로 흑인의 인권을 보장하기 위한 저항 운동이 시작되었고, 결국 법이 바뀌었어요.

Q 고대 이집트의 마지막 파라오였던 클레오파트라 7세는 몇 가지 언어를 할 수 있었을까요?

A 역사가들은 클레오파트라 7세가 이집트어, 그리스어, 아랍어 등 7~10가지 언어를 구사할 수 있었다고 추정해요. 정말 대단한 능력자였네요!

Q 일본의 닌자들은 비밀 메시지를 어떻게 전했을까요?

A 16세기 일본의 비밀 첩보 암살단이었던 닌자는 밥에 메시지를 담아서 주고받았어요. 특정한 밥의 색깔과 무늬는 저마다 비밀스러운 의미를 품었어요.

Q 칠면조를 숭배했던 사람들은 누구일까요?

A 마야인. 마야 사람들은 칠면조에게 신과 같은 능력이 있다고 믿었어요.

Q 감옥에서 27년을 보낸 뒤 대통령에 뽑힌 사람은 누구일까요?

A 남아프리카공화국의 넬슨 만델라. 세계 최초의 흑인 대통령인 만델라는 평생 인권을 위해 싸운 영웅이었어요. 백인과 흑인이 똑같은 권리를 갖고 함께 어울려 살아가는 새로운 나라를 만드는 데 크게 이바지했지요.

Q 자신의 말에게 직위를 내린 로마 황제는 누구일까요?

A 칼리굴라. 고대 로마의 3대 황제였던 칼리굴라는 자신의 말을 너무 아낀 나머지 집정관이라는 직책을 내렸어요. 집정관은 군사와 행정을 맡아보는 장관 같은 자리였어요.

Q 옛날에는 칫솔을 무엇으로 만들었을까요?

A 돼지털과 대나무. 최초의 칫솔은 1400년대에 중국에서 만들어졌어요. 억세고 뻣뻣한 야생 멧돼지의 털을 대나무 막대에 심은 형태였지요.

Q 고대에는 머리가 아픈 환자를 어떻게 치료했을까요?

A '천두술'을 썼어요. 천두술이란 환자의 머리뼈에 작은 구멍을 뚫어서 통증을 일으키는 원인을 없애는 치료 방식이에요. 으악, 무서워라!

Q 고대 로마 사람들은 무엇으로 양치질을 했을까요?

A 자신의 오줌! 당시 사람들은 오줌이 치아를 하얗게 만들어 준다고 믿었답니다.

Q '대변 관리자'는 어떤 일을 하는 사람이었을까요?

A 영국 왕 헨리 8세가 화장실에서 큰 볼일을 보았을 때 엉덩이를 닦아 주는 일을 하는 사람이었어요. 후유!

Q 옛날 해적들은 왜 안대를 많이 차고 다녔을까요?

A 한쪽 눈이 없어서 가리는 목적으로 안대를 찼어요. 또 눈부신 햇살이 내리쬐는 갑판 위에서 갑자기 캄캄한 선실로 내려갔을 때 눈을 빨리 적응시키기 위해 차기도 했답니다.

Q 종이로 만든 갑옷을 입었던 군인들은 누구일까요?

A 고대 중국 병사들. 종이를 여러 겹 겹쳐서 만든 갑옷은 금속 갑옷만큼 튼튼했어요. 하지만 물에 젖으면 아무 쓸모가 없다는 게 단점이었어요.

Q 스키의 신을 숭배했던 사람들은 누구일까요?

A 바이킹. 켈트 신화에 나오는 울르는 스키를 무척 잘 타고, 사냥과 활쏘기 실력도 뛰어난 신이었어요. 울르가 스키를 탈 때 흩뿌려진 눈이 오로라가 되었다는 이야기가 있을 정도예요.

Q 중세 시대의 궁수는 1분에 몇 발의 화살을 쏠 수 있었을까요?

A 약 12발.

Q 세계 최초로 여성이 투표권을 가진 나라는 어디일까요?

A 뉴질랜드. 뉴질랜드 정부는 1893년에 세계 최초로 여성에게 투표권을 주었어요.

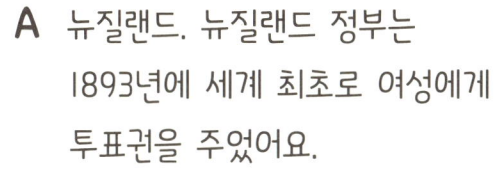

Q 하이힐을 유행시킨 왕은 누구일까요?

A 프랑스의 루이 14세. 루이 14세는 1670년대에 빨간색 하이힐을 신고 다녔어요.

Q 백악관에서 애완 악어를 기른다는 소문이 났던 미국의 대통령은 누구일까요?

A 미국 제6대 대통령 존 퀸시 애덤스.

Q **고양이 떼를 고용했던 러시아의 여제는 누구일까요?**

A 옐리자베타 페트로브나. 옐리자베타는 1700년대에 겨울 궁전을 처음 지었어요.
문제는 새 궁전에 쥐들이 들끓는다는 거였지요. 이에 질린 옐리자베타 여제는
고양이를 잔뜩 들여서 쥐들을 잡아먹게 했어요. 지금도 이 궁전에 가면
약 50마리의 고양이를 볼 수 있어요.

Q 고대 로마의 검투사들에게 엄지를 치켜드는 표시는 무엇을 뜻했을까요?

A 자신의 목숨을 지킬 수 있다는 뜻이었어요. 그 시대에 황제는 전사들의 싸움을 지켜본 뒤 그들을 처형할지 말지 엄지로 나타냈어요. 참 잔인했지요?

Q 빅토리아 시대의 드레스는 왜 위험했을까요?

A 치마폭이 너무 넓어서 마차 바퀴에 걸리기 일쑤였고, 옷감이 쉽게 불붙는 재질이라 벽난로 근처에서 사고가 자주 일어났어요. 일부 옷감은 독성이 강한 비소 성분으로 염색한 것도 있어 위험했지요.

Q 머리칼을 금색으로 밝게 물들이기를 즐겼던 전사들은 누구일까요?

A 바이킹. 이들은 머리와 수염을 감을 때 탈색 효과가 있는 양잿물을 이용했어요. 양잿물은 독성이 강해 머릿니를 없애는 데도 효과가 있었을 거예요.

Q 뉴암스테르담이 어디일까요?

A 뉴암스테르담은 뉴욕의 옛 이름이에요. 1664년 영국이 네덜란드가 점령하고 있던 이 도시를 빼앗아 뉴욕이라는 새 이름을 붙여 주었어요.

Q 카울라 빈트 알아즈와르는 오빠를 어떻게 구했을까요?

A 7세기 중동의 무슬림 여전사였던 카울라는 남자로 변장하고 전쟁터에 용감하게 뛰어들어 적군에게 포로로 붙잡힌 오빠를 구해 냈어요.

Q 파르메산 치즈, 조개껍데기, 고래 이빨의 공통점은 무엇일까요?

A 한때 화폐로 이용되던 물품들이에요. 파르메산 치즈는 이탈리아에서, 조개껍데기는 전 세계에서, 고래 이빨은 남태평양 피지에서 화폐로 쓰였어요.

Q 중세 시대 일본에서 사용된 매우 특이한 무기는 무엇일까요?

A 방귀! 일본에는 '방귀 싸움'을 묘사한 두루마리 그림이 있어요. 강력한 방귀 발사에 놀라서 도망치는 사람들의 모습이 우스꽝스럽게 표현되어 있지요.

Q 인류 최초의 예술 작품은 언제 만들어졌을까요?

A 정확히 알 수는 없어요. 하지만 프랑스, 호주, 인도네시아의 동굴에서 발견된 손바닥 그림과 동물 벽화들을 연구한 결과 약 5만 년 전부터 예술 행위가 시작되었을 거라고 추정해요.

Q 결혼식 축하 식사로 호화로운 50가지 코스 요리를 대접한 사람은 누구일까요?

A 16세기 프랑스 왕 앙리 2세의 왕비였던 카트린 드 메디시스. 이탈리아 출신의 카트린은 프랑스의 대표 디저트인 마카롱을 탄생하게 한 것으로도 유명해요.

Q 제1차 세계대전 때 영국 사람들은 마로니에 열매를 어떻게 이용했을까요?

A 마로니에 열매에는 폭탄을 제조하는 데 쓰이는 아세톤 성분이 들어 있어요. 전쟁 때 영국 어린이들은 더 많은 무기를 만들기 바라는 마음에서 마로니에 열매를 잔뜩 주워 군부대에 갖다주었어요.

Q 미국 대통령 에이브러햄 링컨이 모자 안에 항상 넣고 다녔던 물건은 무엇일까요?

A 나라를 운영하는 데 필요한 중요한 정부 문건. 소중한 물건을 보관하기에 이보다 더 안전한 곳은 없겠지요?

Q 역사에서 아기가 왕이 되었던 때가 있었을까요?

A 네. 1542년 스코틀랜드의 메리 여왕은 태어난 지 고작 엿새 만에 왕의 자리에 올랐어요. 1995년 우간다의 세 살배기 꼬마 오요는 세상을 떠난 아버지로부터 왕위를 물려받았는데, 대관식에서 왕좌에 앉아 장난감을 갖고 놀았다고 해요.

Q 아즈텍 사람들이 중요하게 생각했던 것은 무엇일까요?

A 학교 교육. 아즈텍 사람들은 모든 구성원에게 의무적으로 교육을 받게 했어요. 학교에서는 별자리를 읽는 법과 부족 전통의 생활 방식을 가르쳤지요.

Q 고대 이집트에서 미라를 만들 때 반드시 남겨 둔 신체 기관은 무엇일까요?

A 심장. 놀랍게도 뇌는 갈고리로 콧구멍을 통해 쭉쭉 빼내서 그냥 내다 버렸답니다!

Q 여자 해적도 있었을까요?

A 물론이지요! 앤 보니와 메리 리드는 카리브해를 누비고 다닌 악명 높은 여자 해적이었어요. 19세기 초 남중국해에서 활약한 칭시는 역대 최고의 여자 해적이에요. 약 8만 명의 부하를 거느려 '해적의 여왕'이라 불렸지요.

Q 스스로를 용의 후손이라고 생각했던 사람들은 누구일까요?

A 고대 중국 황제들. 고대 중국에서는 용을 지혜롭고 자애로운 신 같은 존재라고 생각했어요.

풍습+문화

Q 세계에서 가장 큰 부활절 달걀 모양 초콜릿은 무게가 얼마였을까요?

A 8톤. 이 정도면 다 자란 아프리카코끼리의 몸무게보다 무거워요!

Q 남에게 토마토를 마구 던져도 괜찮은 때는 언제일까요?

A 스페인 토마토 축제 때. 수많은 사람이 푹 익은 토마토를 던지며 싸우는 이 축제에서는 온몸이 붉게 물든답니다!

Q 양파를 숭배했던 사람들은 누구일까요?

A 고대 이집트 사람들. 이들은 여러 개의 고리로 이루어진 양파가 영원불멸한 생명을 상징한다고 생각했어요.

Q 크리스마스는 무엇을 기념하는 날일까요?

A 기독교에서 아기 예수의 탄생을 기리는 날이에요. 성스러운 이가 탄생한 날이라고 해서 '성탄절'이라고도 부르지요. 비슷하게 불교에서는 '부처님오신날'을 기념해요. 우리나라에서는 둘 다 공휴일이랍니다!

Q 붉은색 현관문에는 어떤 의미가 담겨 있을까요?

A 중국에서 붉은색 현관문은 '환영한다'는 뜻이에요. 오래전 스코틀랜드에서 빨간 대문은 안에 사는 사람이 집주인이라는 표시였어요.

Q 생일날 국수를 후룩후룩 먹는 것이 전통인 나라는 어디일까요?

A 중국. 중국에서는 생일날 아주 기다란 국수 가락을 끊지 않고 한 번에 먹어요. 이 국수에는 오래오래 건강하게 살기를 바라는 뜻이 담겨 있어요.

Q 아침 식사로 아주 단 음식을 먹는 것이 허용되는 때는 언제인가요?

A 이드 알피트르 축일. 이날은 이슬람교의 금욕 기간인 라마단이 끝난 것을 축하하는 명절이에요. 그래서 아침부터 견과류를 넣어 끓인 달콤한 크림 커리나 말린 과일과 꿀을 가득 채운 쿠키를 먹어요.

Q 초등학교에서 정식으로 뜨개질을 가르치는 나라는 어디일까요?

A 아이슬란드.

Q 고대 로마 병사와 중세 기사 중 누가 더 깨끗했을까요?

A 고대 로마 병사. 이 시대 사람들은 몸을 깨끗하고 산뜻하게 관리하는 데 관심이 많았어요. 공중목욕탕에서 모임을 열 정도였지요. 반면 중세 시대 사람들은 개인위생에 소홀한 편이었어요. 목욕이 오히려 건강에 나쁘다고 생각했을 정도예요.

Q 요리사 모자에는 왜 세로 주름이 잡혀 있을까요?

A 옛날에는 겹겹이 잡힌 주름의 개수가 그 사람이 만들 수 있는 달걀 요리의 가짓수를 나타냈대요. 주름이 많을수록 실력이 뛰어난 요리사라는 뜻이었지요.

Q 패스트푸드는 언제 처음 나왔을까요?

A 패스트푸드의 역사는 생각보다 길어요. 고대 로마 시대에 이미 따뜻하게 조리된 음식을 파는 테르모폴리움이라는 가게가 있었으니까요. 이 가게는 집에 부엌이 없는 서민들이 자주 이용했어요.

Q 길거리에 물감을 마구 뿌려도 괜찮은 때는 언제일까요?

A 힌두교의 봄맞이 축제인 홀리 때. 이날 사람들은 노래하고 춤추며 온몸에 오색의 물감 가루를 뒤집어써요. 이 축제는 장난꾸러기 신인 크리슈나에 대한 이야기에서 비롯되었어요.

Q 식사 예절은 전 세계가 다 똑같을까요?

A 나라마다 달라요. 프랑스에서는 샐러드를 나이프로 썰어 먹으면 안 돼요. 일본에서는 국수를 후루룩 소리를 내며 먹는 게 바른 예절이에요. 식사를 마친 뒤 꺼억 하고 트림을 하는 게 요리사에 대한 최고의 칭찬이라고 여기는 나라들도 있어요.

Q 가장 대표적인 밸런타인데이 선물은 무엇일까요?

A 초콜릿. 밸런타인데이에 초콜릿을 선물하는 전통은 1800년대에 시작되었어요.

Q 무지갯빛 깃발을 흔드는 사람들을 볼 수 있는 때는 언제일까요?

A 성소수자 축제인 퀴어 퍼레이드 때. 참가자들은 화려한 의상을 차려입고 춤을 추며 무지갯빛 깃발을 흔들어요.

Q 사다리 아래로 지나다니지 말라는 미신은 어디서 비롯된 걸까요?

A 고대 이집트 사람들은 삼각형을 신성한 모양으로 생각했어요. 사다리를 벽에 기대어 세우면 삼각형 모양을 띠지요? 그래서 그 아래로 지나다니면 불행이 찾아온다고 믿었어요.

Q 영국 글로스터셔의 한 언덕에 해마다 많은 사람이 모이는 이유는 무엇일까요?

A 치즈 굴리기 대회에 참여하려고요! 이 대회는 가파른 언덕 아래로 데굴데굴 굴러떨어지는 치즈 덩이를 쫓아가서 잡아 결승선을 먼저 들어오는 사람이 우승하는 경기예요. 생각보다 굉장히 위험하니까 절대 따라 하면 안 돼요!

Q 여자가 자신의 남자 형제에게 팔찌를 선물하는 날은 언제일까요?

A 힌두교 축제인 락샤 반단 때. 이날 여동생이나 누나는 '라키'라는 팔찌를 엮어서 남동생 또는 오빠의 오른쪽 손목에 묶어 주어요. 이는 한 해 동안 서로를 잘 보살펴 주겠다는 남매 사이의 약속을 뜻해요.

Q 고대 로마 사람들은 거울이 깨졌을 때 어떤 생각을 했을까요?

A 7년 동안 불행이 닥쳐올 거라고 믿었어요.

Q 바르 미츠바와 바트 미츠바는 어떻게 다를까요?

A 유대교에서 바르 미츠바는 남자의 성년식이고, 바트 미츠바는 여자의 성년식이에요. 유대인들이 특별한 날에 축하하는 문구로 쓰는 '마잘 토브'는 히브리어로 '행운을 빈다'는 뜻이에요.

Q 새해를 축하하기 위해 물총을 쏘는 나라는 어디일까요?

A 태국. 태국의 송크란 축제는 원래 지난해의 모든 불운을 물로 말끔하게 씻어 버리자는 뜻에서 시작되었어요. 그러나 세월이 흐르면서 이 축제는 거리에서 벌어지는 대규모 물총 싸움으로 변했어요.

Q 개똥을 밟는 것이 행운이 될 때는 언제일까요?

A 프랑스 민담에 따르면 왼발로 개똥을 밟으면 행운이 찾아온대요. 반면에 오른발로 밟았을 때는 불운이 닥친다고 해요.

Q 한때 우아함의 상징으로 여겨졌던 과일은 무엇일까요?

A 파인애플. 파인애플은 1800년대에 무척 귀한 과일이었기 때문에 유럽의 부자들에게 큰 사랑을 받았어요. 초상화에 파인애플을 함께 그리기도 하고, 건물을 장식하는 데도 파인애플 모양을 많이 썼어요.

Q 최초의 피냐타 안에는 무엇이 들어 있었을까요?

A 생일 파티에서 피냐타 터뜨리기를 해 본 적 있나요? 눈을 가린 사람이 피냐타라는 종이 인형을 막대기로 때려서 터뜨리면 사탕과 초콜릿, 장난감 등이 쏟아지지요. 최초의 피냐타는 고대 중국에서 만들어졌대요. 한 해의 농사가 잘되기를 바라며 종이로 만든 통 안에 다섯 가지 씨앗을 가득 채워 넣고 막대기로 쳐서 통을 깨부수었지요.

Q 핼러윈에 옷을 뒤집어 입거나 뒤로 걸으면 어떤 일이 생길까요?

A 그날 밤 12시에 마녀와 마주친대요. 옛날이야기일 뿐이니 걱정하지 말아요!

Q '죽은 자들의 날'은 어떤 날일까요?

A 세상을 떠난 가족과 친구들을 기리며 명복을 비는 멕시코의 명절이에요. 사람들은 해골이 그려진 화려한 옷을 차려입고 춤을 추고 맛있는 음식도 먹어요.

Q 러시아 사람들이 결혼식 때 유리잔을 깨뜨리는 이유는 무엇일까요?

A 러시아의 신랑 신부는 결혼식 날 크리스털 잔을 집어 던져 박살 내요. 깨진 유리 조각의 개수가 행복한 결혼 생활이 이어질 햇수를 나타내기 때문에 잔이 산산조각으로 부서질수록 좋대요.

Q 스와힐리어로 '푸라하 야 쿠잘리와(Furaha ya kuzaliwa)'는 무슨 뜻일까요?

A '생일 축하해'라는 뜻이에요. 영어로는 '해피 버스데이(Happy birthday)' 프랑스어로는 '본 아니벡세흐(Bon anniversaire)', 중국어로는 '쭈니셩리콰일르어(祝餘生日快樂)'라고 해요.

Q '케일리(ceilidh)'가 무엇일까요?

A 스코틀랜드의 민속춤을 추며 즐기는 사교 모임이에요. 스코틀랜드 어린이들은 학교에서 종종 춤을 배워요.

Q 고대 그리스 사람들은 왜 마늘을 좋아했을까요?

A 마늘을 먹으면 입 냄새로 악귀를 쫓아낼 수 있다고 믿었거든요.

Q 러시아에서 "내 귀에 국수를 걸지 마!"라는 말은 무슨 뜻일까요?

A '나를 속이려고 하지 마라'라는 뜻이에요. 영어를 사용하는 사람들은 비슷한 뜻으로 '내 다리를 잡아당기지 마라'라는 표현을 써요.

Q 영어권 국가에서는 남이 재채기를 했을 때 왜 '축복해요(Bless you)'라는 말을 할까요?

A 재채기는 14세기 중반 유럽을 휩쓸었던 흑사병의 초기 증상이었어요. 그래서 당시 교황은 사람들이 재채기를 할 때마다 "신의 축복이 있기를(God bless you)"이라고 말했어요. 그 뒤로 누군가가 재채기를 할 때 '건강을 조심하라'는 의미로 이 말을 쓰게 되었어요.

Q 태국의 롭부리 지역 주민들은 해마다 맛있는 과일과 채소로 푸짐한 뷔페를 준비해 특별한 손님을 초대해요. 어떤 손님일까요?

A 원숭이. '원숭이 도시'로 알려진 롭부리에서는 사원 곳곳이나 도로에서 원숭이를 흔히 볼 수 있어요. 이곳 사람들은 원숭이가 마을에 행운을 가져다준다고 생각하지요. 해마다 열리는 원숭이 축제 때는 원숭이 수천 마리가 마을로 내려와 준비해 놓은 과일과 채소를 실컷 먹어요.

Q '콧수염 컵'이 무엇일까요?

A 1800년대 후반에 개발된 특별한 찻잔이에요. 차를 마실 때 콧수염이 젖지 않도록 입술이 닿는 부분 위쪽이 막혀 있어요.

Q '해적의 날'은 어떤 날일까요?

A 해마다 9월 19일은 해적 분장을 하고 해적처럼 말하는 날이에요. 1995년 미국에서 처음 시작된 이 놀이 문화는 이후 전 세계 영어권 국가에서 즐기게 되었어요.

Q 소금 통을 엎으면 불운이 찾아온다는 속설은 왜 생겼을까요?

A 옛날에는 소금이 무척 귀했기 때문이에요. 고대 로마 병사들은 소금을 봉급으로 받았을 정도니까요. 그토록 귀한 물건을 함부로 다루거나 낭비하면 당연히 좋을 일이 없겠죠?

Q 핼러윈에 호박으로 등을 만드는 전통은 언제 생겨났을까요?

A 호박 등은 핼러윈을 대표하는 상징이에요. 핼러윈은 19세기 중반 미국에 정착한 아일랜드 이민자들이 널리 퍼뜨린 축제예요. 원래 아일랜드에서는 호박이 아닌 순무나 감자로 기괴한 얼굴 모양의 등을 만들었답니다.

Q 해마다 1월에 인도 구자라트의 하늘을 수놓는 것은 무엇일까요?

A 수백 개의 연. 구자라트에서는 해마다 1월 중순에 봄맞이 연날리기를 해요. 연날리기는 겨울이 끝나고 봄이 시작된 것을 알리는 우타라얀 축제의 행사 가운데 하나예요.

Q 이슬람교에서 말하는 '하즈(Hajj)'란 무엇일까요?

A 이슬람교 신자라면 누구나 평생에 한 번은 해야 하는 성지 순례를 뜻해요. 여기서 말하는 성지는 이슬람교의 창시자인 마호메트의 고향 메카예요. 이슬람력 12월 8일부터 12일까지 사우디아라비아 서남부에 있는 메카를 방문하는 전 세계의 이슬람교 신자는 200만 명에 이르러요.

Q 네덜란드 사람들이 아기의 탄생을 축하하며 먹는 특별한 간식은 무엇일까요?

A 생쥐 쿠키. 물론 진짜 생쥐로 만든 쿠키는 아니니까 겁먹지 않아도 돼요. 설탕에 조린 아니스 씨앗을 쿠키 겉에 바르는데, 이것이 생쥐 꼬리처럼 보인다고 해서 붙여진 이름이랍니다.

Q 역사상 처음으로 숙제를 내준 선생님은 누구였을까요?

A 그런 엄청난 짓을 저지른 사람이 정확히 누구인지는 아무도 몰라요. 그런데 고대 로마의 학자인 플리니우스가 의심이 가기는 해요. 자신의 제자들에게 수업 시간에 발표하려면 미리 집에서 연습을 해야 한다고 시켰거든요.

Q 베네치아 가면은 언제 쓰는 걸까요?

A 수백 년 전부터 해마다 열리는 이탈리아 베네치아 축제에서요. 화려한 옷과 멋진 가면으로 차려입은 사람들이 모여서 댄스 파티를 벌이고 퍼레이드와 다양한 공연을 즐겨요.

Q '하카'가 무엇일까요?

A 뉴질랜드 원주민인 마오리족의 전통 춤이에요. 원래 하카는 전쟁에 나가기 전 결의를 다지기 위해 추는 춤이었지만 오늘날에는 결혼식을 비롯한 즐거운 행사에서 추는 춤으로 바뀌었어요.

Q 일본의 눈 축제에서 가장 큰 볼거리는 무엇일까요?

A 눈과 얼음으로 만든 멋진 조각상. 매년 2월 초에 시작되는 삿포로 눈 축제 때는 눈과 얼음 조각 대회가 열려요. 어마어마한 크기의 정교한 조각상들이 사람들의 눈을 사로잡지요.

Q 펑! 펑! 폭죽의 수호성인은 누구일까요?

A 성녀 바르바라. '성인'은 가톨릭교회에서 덕행이 뛰어나 공경받을 만하다고 선포한 사람이에요. 수호성인은 특정한 사람이나 물건을 지켜 주는 성인을 가리켜요.

Q 밸런타인데이는 어떻게 생겨난 걸까요?

A 고대 로마의 황제 클라우디우스 2세는 병사들의 기강이 흐트러질 것을 염려해 결혼을 금지했어요. 그러자 발렌티누스라는 사제가 몰래 젊은 병사들의 혼인 성사를 집전했고, 그 일로 처형당했어요. 그래서 많은 사람들이 밸런타인데이가 성 발렌티누스의 죽음을 기리기 위한 날이라고 생각해요.

Q 매년 4월 22일은 무슨 날일까요?

A 지구의 날. 이날 전 세계 사람들은 아름다운 우리 지구에 대해 생각하고, 지구를 보호하기 위한 계획을 세워 서로 나누어요.

Q 길을 가다가 검은 고양이를 보면 운이 좋을까요, 나쁠까요?

A 고대 이집트 사람들은 고양이를 행운의 상징으로 여겼어요. 오늘날에도 이렇게 생각하는 사람들이 많아요. 하지만 검은 고양이를 마녀가 둔갑한 것으로 여겨서 불운을 가져온다고 믿는 이들도 있어요.

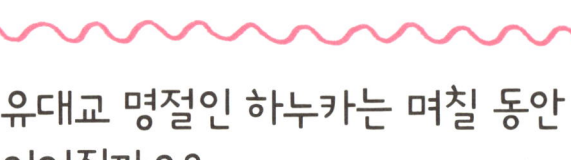

Q 유대교 명절인 하누카는 며칠 동안 이어질까요?

A 8일. 하누카 기간에는 여러 갈래로 갈라진 '메노라'라는 특별한 촛대에 촛불을 밝혀요.

Q 크리스마스트리는 누가 처음 만들었을까요?

A 1500년대에 독일 사람들이 만든 것이 시작이었어요. 그 뒤 1800년대에 영국의 빅토리아 여왕과 독일인 남편 앨버트 공이 나무를 리본과 양초, 장난감 등으로 장식했어요. 그 뒤 크리스마스트리를 꾸미는 게 전 세계에 유행처럼 번져 나갔어요.

우리가 사는 세계

Q 세계에서 가장 긴 지명은 무엇일까요?

A 타우마타와카탕이항아코아우아우오타마테아투리푸카카피키마웅아호로누쿠포카이웨누아키타나타후. 뉴질랜드에 있는 한 언덕의 이름이에요. 보통 줄여서 '타우마타'라고 부른대요. 한번 읽어 볼래요?

Q '오케이(OK)'라는 표현은 어떤 점에서 특별할까요?

A '오케이'는 세계에서 가장 자주 쓰고, 가장 알아듣기 쉬운 말이에요. 오케이?

Q 세계에서 가장 높은 건물은 무엇일까요?

A 2021년 기준으로 아랍에미리트 두바이에 있는 부르즈 할리파가 가장 높아요. 163층까지 있는 이 건물의 높이는 자그마치 828미터에 다다라요. 하지만 2024년 완공 예정인 사우디아라비아의 제다 타워는 높이가 1008미터나 되어, 부르즈 할리파의 기록을 훌쩍 넘어설 거예요.

Q 세계에서 가장 큰 공항은 어느 나라에 있을까요?

A 중국. 2019년에 문을 연 베이징의 다싱 국제공항은 날개를 펼친 봉황 같은 형태를 띠고 있어요.

Q 호주 시드니에 있는 오페라 하우스를 환하게 밝히는 전구는 모두 몇 개나 될까요?

A 이 거대한 공연장에서는 해마다 약 1만 5500개의 전구를 새로 갈아 끼워요. 배의 돛을 떠올리게 하는 새하얀 조개껍데기 모양의 지붕으로도 유명한 곳이지요.

Q 이탈리아에 있는 피사의 사탑은 처음부터 기울어져 있었을까요?

A 아니에요. 이 탑은 3층까지 지어진 1178년 즈음부터 기울어지기 시작했어요. 탑을 세운 땅의 표면이 무르고 약해서 생긴 결과였지요.

Q 중국 만리장성의 벽돌들은 무엇으로 이어 붙였을까요?

A 길이가 수천 킬로미터에 이르는 만리장성은 찹쌀가루와 석회 가루를 섞은 반죽으로 벽돌을 이어 붙여 지은 거예요.

Q 세계 여러 나라의 국기에 가장 많이 쓰인 색깔은 무엇일까요?

A 빨간색, 하얀색, 파란색. 이 가운데서도 가장 인기 있는 색깔은 빨강이에요.

Q 고대 이집트인은 피라미드로 어떻게 시간을 알 수 있었을까요?

A 피라미드는 거대한 해시계 같은 역할을 해요. 고대 이집트 사람들은 정확한 계산과 정교한 측량을 거쳐서 피라미드를 지었어요. 그래서 피라미드의 그림자를 보면 몇 시인지 알 수 있지요.

Q 세계에서 가장 긴 도로는 무엇일까요?

A 미국 알래스카에서 아르헨티나 남쪽 끝까지 14개 나라에 걸쳐 이어지는 '팬아메리칸 하이웨이'예요. 이 국제 도로의 총 길이는 거의 3만 킬로미터에 다다라요.

Q 암호 화폐란 무엇일까요?

A 온라인에서 돈처럼 거래되는 전자 화폐를 가리켜요. 동전이나 지폐처럼 만질 수 있는 돈은 아니에요. 가장 널리 알려진 암호 화폐는 '비트코인'이에요.

Q 미국 국기에 그려진 별과 줄무늬는 각각 몇 개일까요?

A 50개, 13개. 별은 현재 미국을 이루는 50개 주를 상징해요. 13개의 줄무늬는 처음 미국이 세워졌을 때 있었던 주를 나타내지요.

Q 일본 오사카에 있는 안도 모모후쿠 발명기념관에는 무엇이 전시되어 있을까요?

A 온갖 종류의 인스턴트 라면들. 안도 모모후쿠는 세계 최초로 인스턴트 라면과 컵라면을 개발한 사람이에요.

Q 전 세계에서 아직까지 킬로미터 대신 마일(mile)이라는 거리의 단위를 사용하는 세 나라는 어디일까요?

A 미국, 라이베리아, 미얀마.

Q '태평양 거대 쓰레기 지대'란 무엇일까요?

A 미국 캘리포니아와 하와이 사이 북태평양 바다에 떠 있는 거대한 쓰레기 섬을 가리켜요. 프랑스 국토의 세 배에 이르는 어마어마한 크기지요. 이 쓰레기 섬을 만든 것은 안타깝게도 우리를 비롯한 전 세계 사람들이에요.

Q 이탈리아 로마에서 유령을 볼 수 있는 다리는 어디일까요?

A 시스토 다리. 동틀 무렵 이 다리에 가면 한 여인이 훔친 금화를 챙겨 마차를 타고 부랴부랴 도시를 빠져나가는 모습을 볼 수 있다는 전설이 있어요.

Q 중국의 자금성에는 왜 '금지된 보랏빛 성'이라는 이름이 붙었을까요?

A 베이징에 있는 이 거대한 궁궐은 지난 수백 년 동안 보통 사람들은 담장 근처에도 갈 수 없는 신성한 장소였어요.
오직 황제와 황제의 가족, 황제의 초대를 받은 사람만이 출입할 수 있었지요.
하지만 오늘날 자금성은 해마다 수백만 명이 찾는 관광 명소랍니다.

Q 세계에서 인구가 가장 많은 나라는 어디일까요?

A 중국. 하지만 머지않아 인도가 중국을 뛰어넘을 거라고 해요.

Q 세계에서 쌍둥이 탄생 비율이 가장 높은 나라는 어디일까요?

A 아프리카 베냉. 이 나라에서 태어나는 아기 1000명 가운데 약 28명은 쌍둥이에요.

Q 유럽의 여러 나라 가운데 알파벳 '에스(S)'로 시작하는 나라를 세 곳만 말해 볼까요?

A 유럽에서 'S'로 시작하는 나라는 산마리노, 세르비아, 슬로바키아, 슬로베니아, 스페인, 스웨덴, 스위스예요.

Q 세계에서 가장 짧은 노선의 비행시간은 얼마일까요?

A 2분. 스코틀랜드의 두 섬을 잇는 노선의 공식 비행시간이에요. 날씨가 좋을 때는 단 47초 만에 끝날 수도 있어요. 정말 놀랍지요?

Q 전 세계에서 사용되는 언어는 모두 몇 가지일까요?

A 약 7000가지.

Q 일본 국기의 붉은 동그라미는 무엇을 상징할까요?

A 태양.

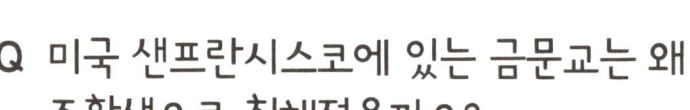

Q 미국 샌프란시스코에 있는 금문교는 왜 주황색으로 칠해졌을까요?

A 원래 이 다리는 파란색과 노란색으로 칠할 예정이었어요. 처음에 밑칠을 주황색으로 했는데, 뜻밖에 모두가 그 색을 마음에 들어 해서 결국 끝까지 주황색으로 칠했답니다.

Q 자유의 여신상이 들고 있는 횃불은 무엇으로 만들어졌을까요?

A 대부분 구리예요. 하지만 횃불의 겉 부분에는 아주 얇은 금박을 씌웠어요.

Q 전 세계의 인구는 몇 명일까요?

A 약 80억 명. 2050년에는 거의 100억 명에 다다를 수 있다는 것이 전문가들의 예상이에요. 우와, 많다 많아!

Q 세계에서 가장 작은 나라는 어디일까요?

A 이탈리아의 로마시 안에 있는 바티칸 시국. 로마 교황청에서 통치하는 이 작은 도시 국가의 인구는 채 1000명도 되지 않아요.

Q 세계에서 가장 긴 국가(國歌)는 어느 나라의 것일까요?

A 그리스. 이 나라의 국가는 158절까지 이어져요.

Q 국기의 모양이 거의 똑같은 두 나라는 어디일까요?

A 아일랜드와 코트디부아르. 주황색, 녹색, 흰색 줄무늬로 이루어진 두 나라의 국기는 색깔의 배열 순서만 서로 달라요.

Q 스코틀랜드를 대표하는 동물은 무엇일까요?

A 유니콘.

Q 이스터섬에서 볼 수 있는 것은 무엇일까요?

A 남태평양에 있는 이스터섬은 1000여 개에 이르는 거대한 돌 조각상 '모아이'로 유명해요. 사람 얼굴 모양인 모아이는 약 500년 전 사람들이 직접 돌을 깎아서 만들었어요.

Q 영국 국회의사당에서 금지된 옷차림은 어떤 것일까요?

A 갑옷. 1300년대에 갑옷을 입고 국회의사당에 들어가는 것을 금지하는 법을 만들었어요. 이 법이 지금도 여전히 존재한답니다.

Q 파리의 에펠탑에서 자전거를 탄 사람은 누구일까요?

A 1923년 피에르 라브릭이라는 기자가 자전거를 타고 에펠탑 계단을 내려갔어요. 자전거가 덜컹덜컹 흔들릴 때마다 엉덩이가 엄청 아팠을 거예요!

Q 인도의 타지마할을 지을 때 힘을 보탠 코끼리는 모두 몇 마리일까요?

A 타지마할은 인도 아그라에 세워진 이슬람 건축의 대표 걸작으로 전체가 대리석으로 이루어졌어요. 거대한 대리석 덩어리를 옮길 때 1000마리가 넘는 코끼리의 도움을 받았어요. 세계에서 가장 화려한 건물로 꼽히는 이곳은 17세기 무굴 제국의 황제 샤자한이 세상을 떠난 아내를 위해 지은 무덤이에요.

Q 세계에서 가장 큰 나라는 어디일까요?

A 러시아. 러시아 땅은 어마어마하게 넓어요. 명왕성의 전체 겉넓이보다 더 넓을 정도랍니다.

Q 스톤헨지는 어떻게 만들어졌을까요?

A 아무도 몰라요! 영국의 솔즈베리 근교에 있는 이 거대한 돌 기둥들은 지금까지도 미스터리에 휩싸여 있어요. 먼 옛날 하나의 무게가 30~50톤에 이르는 돌덩이들을 어떻게 옮기고 쌓았는지 정말 신기해요.

Q 나라가 한 곳도 없는 대륙은 어디일까요?

A 남극 대륙.

Q 햄버거가 국민 요리인 나라는 어디일까요?

A 미국.

Q 프랑스 파리 시내의 거리 밑에는 무엇이 있을까요?

A 600만 구가 넘는 유골이 안치된 으스스한 지하 납골당인 '카타콤'이 있어요. 미로처럼 구불구불 이어진 카타콤은 수백 년 전 지상에 묘지로 쓸 땅이 부족해지자 원래 있던 묘지의 유골들을 옮겨 온 거예요.

Q 눈싸움이 공식적으로 금지되었던 때가 있을까요?

A 미국 콜로라도주의 한 도시에는 2019년까지도 눈싸움을 금지하는 법이 있었어요. 그러다 한 아홉 살짜리 소년이 이 법이 부당하다는 소송을 제기했고, 덕분에 지금은 모두가 자유롭게 눈싸움을 할 수 있게 되었지요.

Q '단결'이라는 뜻의 스와힐리어 '하람비(Harambee)'가 국가 이념인 나라는 어디일까요?

A 케냐. '단결'은 여럿이 마음과 힘을 모으는 것을 뜻해요.

Q 세계에서 가장 긴 열차 노선은 무엇일까요?

A 러시아의 시베리아 횡단 열차예요. 모스크바에서 출발해 시베리아를 가로질러 블라디보스토크까지 가는 데 꼬박 7일이 걸려요.

Q 세계에서 가장 많은 사람이 쓰는 언어는 무엇일까요?

A 베이징어.

Q 샹들리에 장식이 있는 멋진 지하철역은 어디일까요?

A 러시아 모스크바의 콤소몰스카야 역. 이 역 천장은 값비싼 샹들리에뿐 아니라 다양한 모자이크 작품과 화려한 조각들로 꾸며져 있어요.

Q 이탈리아 말 '차오(Ciao)'는 헤어질 때와 만났을 때 중 언제 하는 인사말일까요?

A 둘 다. '알로하(Aloha)'라는 하와이 말도 마찬가지예요.

Q 해마다 머드 올림픽이 열리는 나라는 어디일까요?

A 독일. 머드 올림픽은 진흙으로 뒤덮인 갯벌에서 축구, 핸드볼, 사이클링, 장화 던지기 같은 경기를 치르는 독특한 스포츠 행사예요.

Q 인도, 베트남, 이집트의 국화(나라꽃)는 모두 똑같아요. 어떤 꽃일까요?

A 연꽃. 연꽃은 순수와 부활의 상징이에요. 뿌리는 지저분한 물속에 잠겨 있지만 물 위로 크고 아름다운 꽃이 피어나지요.

Q 1989년에 허물어져서 전 세계 사람들이 기뻐했던 건축물은 무엇일까요?

A 독일의 베를린 장벽. 이 높다란 콘크리트 벽은 30년 가까이 동독과 서독을 나누는 국경이었어요.

Q 사람보다 자전거가 더 많다고 알려진 도시는 어디일까요?

A 네덜란드의 암스테르담.

Q 고대 로마의 원형 경기장 가운데
물을 채워 배를 띄웠던 곳은 어디일까요?

A 콜로세움. 이탈리아 로마에 있는 콜로세움은
검투사들의 결투나 사나운 짐승과 노예의 대결이
벌어진 곳으로 알려져 있어요. 하지만 때로는
경기장 가득 물을 채우고 모형 배를 띄워서
바다 위 전쟁에 대비한 훈련을 하기도 했답니다.

예술+대중문화

Q 놀이용 카드는 모두 몇 가지 방식으로 섞일 수 있을까요?

A 수학적으로 약 80,000,000,000,000,000, 000,000,000,000,000,000,000,000, 000,000,000,000,000,000,000,000, 000가지라고 해요.
정말 어마어마하지요? 52장의 카드를 같은 방식으로 두 번 섞을 가능성은 거의 없어요.

Q '장화 던지기'는 언제 어디서 시작되었을까요?

A 장화 던지기는 19세기에 핀란드 선원들이 처음 시작했다고 해요. 목이 긴 고무장화를 가장 멀리 던진 사람이 이기는 경기로, 북유럽을 비롯해 영국, 뉴질랜드, 호주 등에서 하는 스포츠랍니다.

Q 남성용 소변기를 작품으로 전시한 프랑스의 미술가는 누구일까요?

A 마르셀 뒤샹. 뒤샹은 1917년 하얀 도기로 된 소변기에 '샘'이라는 제목을 붙여 전시회에 출품했어요. 이처럼 뒤샹은 사람들에게 예술의 진정한 의미를 묻는 작품을 자주 선보였답니다.

Q 전 세계에서 하계 올림픽을 텔레비전으로 시청하는 사람은 몇 명이나 될까요?

A 약 30억 명.

Q 세계에서 가장 큰 규모의 '치킨 댄스'에는 몇 명이 참가했을까요?

A 1996년 미국의 한 시골 축제장에서 7만 2000명이 함께 두 팔을 날개처럼 퍼덕이며 '치킨 댄스'를 추었어요.

Q '축국'이 무엇일까요?

A 오늘날의 축구와 비슷한 고대 중국의 스포츠예요. 2000년 전 사람들이 발로 공놀이를 했다니, 상상이 되나요?

Q 끝까지 낭독하는 데 8시간이 걸리는 엄청나게 긴 시는 무엇일까요?

A 고대 인도의 대서사시 마하바라타. 왕족들의 전쟁을 읊은 이 대서사시는 약 180만 개의 낱말로 이루어져 있어요.

Q 재즈 음악이 처음 탄생한 곳은 어디일까요?

A 미국의 항구 도시 뉴올리언스.

Q 영어 단어 'supercalifragilisticexpiali docious'는 무슨 뜻일까요?

A '엄청 멋지고 훌륭하다'는 뜻으로 영화 '메리 포핀스'에 나오는 대사의 일부예요. 너무 길어서 발음하기도 쉽지 않지만, 누군가를 칭찬하고 싶을 때 이렇게 말하면 관심을 한몸에 받을 거예요. 수퍼-캘리-프래질리스틱-익스피-알리-도셔스!!

Q 클래식 음악 작곡에 도움을 준 반려동물이 있을까요?

A 네. 18세기 이탈리아의 작곡가 도메니코 스카를라티는 자신의 고양이 풀치넬라가 피아노 건반 위를 걷는 모습에서 영감을 얻어 '고양이 푸가'라는 곡을 썼어요.

Q 서양장기인 체스는 누가 발명했을까요?

A 체스의 조상은 6세기 무렵 인도에서 즐겨 했던 차투랑가라는 보드게임이에요. 체스의 비숍과 룩은 차투랑가의 코끼리와 전차에 해당해요.

Q 유명한 미술관에 한동안 거꾸로 걸려 있던 작품은 무엇일까요?

A 프랑스 화가 앙리 마티스의 '보트'. 이 작품은 1961년 뉴욕 현대 미술관에서 한 관람객이 알아차리기 전까지 자그마치 두 달 가까이 거꾸로 전시되어 있었답니다.

Q 윌리엄 셰익스피어는 작품을 무대에 올릴 때 어떤 특수 효과를 사용했을까요?

A 연기와 불을 피우는 것은 물론 배우가 바닥에 있는 문 안으로 쏙 사라지게 하거나 와이어를 이용해 공중으로 떠오르게 하기도 했어요. 심지어 대포까지 쏘았다고 해요!

Q 아무 소리도 나지 않는 음악이 있을까요?

A 네. 1952년 미국의 작곡가 존 케이지가 만든 '4분 33초'라는 곡의 악보에는 음표가 하나도 없어요. 따라서 연주도 전혀 이루어지지 않아요. 대신 그 시간 동안 주변에서 나는 다양한 소리가 곧 음악이 되지요.

Q 해바라기를 즐겨 그렸고 빈털터리로 죽음을 맞은 네덜란드의 유명 화가는 누구일까요?

A 빈센트 반 고흐. 고흐는 평생 괴롭고 힘든 삶을 살았어요. 살아 있을 때 판매된 그림은 고작 한 점뿐이었지요. 하지만 오늘날 그의 작품은 값을 매기기 힘들 만큼 높이 평가받고 있어요.

Q 조선 시대에는 그림 그리는 사람을 뭐라고 불렀을까요?

A 화원. 이 시대에는 그림에 관한 일을 맡아보던 도화서라는 관청이 따로 있었어요.

Q 폭죽은 언제 어디서 발명되었을까요?

A 정확하진 않지만 약 2000년 전 중국에서 전쟁터의 신호로 처음 사용했다고 해요. 그때는 폭죽이 터질 때 사람들이 "우아!", "이야!" 하고 기뻐하지는 않았겠지요?

Q 만화 주인공 '헐크'는 몸이 처음부터 녹색이었을까요?

A 만화 원작자가 처음에 정한 헐크의 몸 색깔은 회색이었어요. 하지만 인쇄 기술이 부족해 회색이 제대로 표현되지 않자 녹색으로 바꾸었지요.

Q 보통 어린이가 텔레비전을 보는 시간은 1년에 몇 시간일까요?

A 1년 동안 날마다 두 시간쯤 텔레비전을 본다면 약 730시간이에요. 이 정도면 한 달 내내 잠도 안 자고 텔레비전만 보는 것과 같아요!

Q 오스트리아의 작곡가 모차르트가 처음 사람들 앞에서 연주한 것은 몇 살 때였을까요?

A 다섯 살.

Q 테니스 라켓이 발명되기 전에는 무엇으로 공을 쳤을까요?

A 손바닥. 13세기 무렵에 시작된 초기의 테니스 경기에서는 맨손이나 장갑을 낀 손으로 공을 쳤어요.

Q 세계에서 가장 작은 책은 크기가 어느 정도일까요?

A 맨눈으로는 알아보기 힘들 만큼 작아요. 세로는 0.1밀리미터이고, 가로는 머리카락 굵기와 비슷한 0.07밀리미터밖에 안 되거든요.

Q '퐁(Pong)'이 무엇일까요?

A 1972년 미국 아타리사에서 개발한 초창기 비디오 게임의 하나예요. 게임 방식은 탁구와 비슷하며, 당시에 큰 인기를 누렸어요.

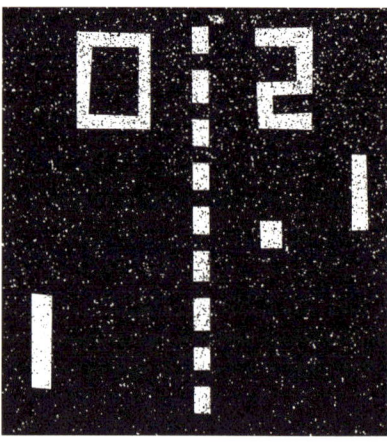

Q 날리우드, 발리우드, 할리우드는 무엇과 관계가 있을까요?

A 영화. 날리우드는 나이지리아, 발리우드는 인도, 할리우드는 미국의 영화 산업을 가리켜요.

Q 'B-612'가 무엇일까요?

A 프랑스 작가 생텍쥐페리가 쓴 동화 《어린 왕자》의 주인공 왕자가 살던 작은 행성의 이름이에요.

Q 중세 시대에 어릿광대는 어떤 일을 했을까요?

A 우스운 말이나 행동으로 사람들을 즐겁게 해 주는 일을 했어요. 알록달록 화려하게 꾸미고 춤을 추거나 곡예를 보여 주었어요. 또 재미난 이야기를 들려주거나 마술을 선보일 때도 있었지요.

Q 어린이도 베스트셀러 소설을 쓸 수 있을까요?

A 물론이죠! 1890년 영국의 아홉 살 소녀 데이지 애쉬포드는 《젊은 방문객들》이라는 작품을 쓰고도 잊고 지냈어요. 그러다 29년 뒤 이 소설이 정식으로 출간되어 큰 성공을 거두었지요. 그러니까 여러분도 꾸준히 써 보아요!

Q 영화에 나오는 공룡 소리는 어떻게 만들어질까요?

A 실제 공룡 소리가 어땠는지는 아무도 몰라요. 그래서 영화 제작자들은 아기 코끼리의 울음소리를 비롯한 온갖 소리를 이용해 공룡 소리를 만들어요.

Q 원래 제목이 '죽지 않은 죽은 사람들'이었던 공포 소설은 무엇일까요?

A 아일랜드 작가 브램 스토커가 지은 《드라큘라》. 사악한 뱀파이어인 드라큘라 백작은 희생양들의 피를 빨면 박쥐로 변신해요.

Q 음악을 들으면 우리 몸에서 어떤 반응이 일어날까요?

A 음악은 사람의 기분과 기억력, 집중력을 좋게 만들고, 잠이 잘 오게 해 준다는 것이 과학적으로 밝혀졌어요.

Q 세계에서 가장 오래된 대관람차는 언제 어디서 만들어졌을까요?

A 1897년에 오스트리아의 수도 빈에 세워진 대관람차가 지금까지 돌아가고 있어요. 역사와 전통을 자랑하는 놀이기구로 빈의 상징이기도 해요.

Q '케이 팝'이 무엇일까요?

A 외국에서 인기를 끄는 우리나라의 대중음악을 이르는 말이에요. 대부분 아이돌 중심의 댄스 음악이지요.

Q 역사상 가장 오래된 악기는 무엇일까요?

A 디저리두. 호주 원주민의 전통 관악기인 디저리두의 역사는 수천 년 전으로 거슬러 올라가요. 흰개미가 갉아 먹어서 속이 빈 유칼립투스 나무줄기로 만드는 것이 전통 방식이에요. '우우우' 하는 낮고 묵직한 소리가 특징이지요.

Q 초창기 발레 무용수들의 공통점은 무엇일까요?

A 모두 남자였어요! 발레가 처음 도입되었을 때는 여성이 공식적인 자리에서 춤을 추는 게 허용되지 않았어요. 그래서 젊은 남성들이 여성의 역할을 대신했지요.

Q 반려동물로 원숭이 두 마리를 키운 멕시코 출신의 화가는 누구일까요?

A 프리다 칼로. 칼로는 보니토라는 앵무새도 함께 키웠어요. 칼로의 자화상에서는 반려동물들과 함께 있는 모습을 많이 볼 수 있어요.

Q 텔레비전 전파는 얼마나 빠르고 멀리 전달될까요?

A 우주에 있는 인공위성이 방송국에서 받은 무선 신호를 우리 집의 수신기로 보내면 텔레비전에서 영상과 음성이 나와요. 이 신호는 1초에 약 29만 2000킬로미터를 나아가요! 말 그대로 눈 깜박할 속도지요!

Q 전용 우편함이 따로 있는 유명한 그림은 무엇일까요?

A 레오나르도 다빈치의 '모나리자'. 이 그림 속의 여인은 은은하게 미소 짓는 얼굴로 전 세계 사람들의 큰 사랑을 받고 있어요. 그래서 팬레터를 보낼 수 있는 개별 우편함이 따로 마련되어 있지요.

Q 고대 그리스 사람들은 연극이 끝날 때마다 어떤 행동을 했을까요?

A 발을 쿵쿵 굴렀어요. 하지만 이후에는 발을 구르는 대신 박수를 쳤지요. 고대 그리스 사람들은 무언가가 마음에 들지 않을 때 '우우' 하는 야유를 보내거나 당나귀 울음소리를 내기도 했답니다.

Q '도널드 덕'의 정식 이름은 무엇일까요?

A 도널드 펀틀로이 덕. '펀틀로이'는 미국 작가 버넷이 지은 소설 《소공자》의 주인공 이름에서 따온 거예요.

Q 바이올린 한 개는 몇 개의 나뭇조각으로 만들어졌을까요?

A 약 70개.

Q 영국 작가 로알드 달이 《찰리와 초콜릿 공장》을 쓰게 된 사연은 무엇일까요?

A 어린 시절 영국을 대표하는 제과 회사인 '캐드버리'의 초콜릿 시식단으로 활동했던 경험에서 영감을 얻어 썼다고 해요.

Q 컴퓨터가 인간과 체스 대결을 벌여 이길 수 있을까요?

A 네. 1997년에 '딥 블루'라는 컴퓨터가 세계 체스 챔피언이었던 러시아의 가리 카스파로프를 이겼어요.

Q 요요의 역사는 얼마나 오래되었을까요?

A 약 2500년. 세계 최초의 요요는 고대 그리스 사람들이 나무와 점토, 금속으로 만들었다고 해요.

Q 오래된 흑백 사진 속 사람들은 왜 모두 표정이 심각할까요?

A 1800년대에는 사진 한 장을 찍는 데 몇 시간씩 걸렸어요. 그렇게 오랫동안 가만히 앉아 있기도 쉽지 않은데 계속 방실방실 웃을 수는 없었을 거예요.

Q "모든 어린이는 자란다. 한 명만 빼고."라는 문장으로 시작하는 이야기책은 무엇일까요?

A 영국의 극작가이며 소설가인 제임스 매튜 배리의 대표작 《피터 팬》. 주인공 피터는 네버랜드라는 나라에서 영원히 어린이로 살아가요.

Q 세계에서 가장 긴 롤러코스터는 무엇일까요?

A 일본의 '스틸 드래곤 2000'이라는 롤러코스터로 총길이가 2479미터나 된답니다. 한 바퀴 도는 데 4분이나 걸린다고 해요.

Q 볼링 경기에서 얻을 수 있는 최고 점수는 몇 점일까요?

A 300점. 열 개의 핀을 모두 쓰러뜨리는 스트라이크를 연속으로 열두 번 해야 얻을 수 있는 점수예요.

스코어보드

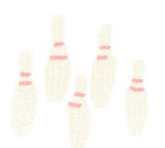

Q '해부학 극장'이 무엇일까요?

A 아주 소름 끼치는 광경을 보여 주는 극장이에요. 해부학이란 생물의 몸을 갈라서 들여다보며 연구하는 학문이에요. 1500년대 사람들은 일부러 돈을 내고 죽은 사람의 몸이 샅샅이 파헤쳐지는 과정을 구경했답니다. 꺅!

Q 트램펄린은 어떻게 발명되었을까요?

A 1930년대의 어느 날, 조지 니센이라는 미국 소년이 서커스단의 공중그네 곡예를 보게 되었어요. 곡예사는 그네 아래 설치된 안전그물을 구름판처럼 이용해 높게 뛰어오르는 묘기를 보여 주었지요. 이 모습에 착안한 니센이 몇 년 뒤에 트램펄린을 발명했답니다. 방방!

용어 풀이

* **공포증**
무언가를 특별히 무서워하는 증상. 예를 들어 높은 곳을 무서워하는 것은 고소 공포증이라고 불러요.

* **국제 우주 정거장**
지구 궤도를 도는 거대한 우주선. 여러 나라에서 온 우주 비행사들이 이곳에서 먹고 자면서 과학 실험 등 맡은 임무를 수행해요.

* **궤도**
물체가 다른 무엇인가의 둘레를 도는 경로. 지구는 태양의 궤도를 따라 돌아요.

* **기체**
우리가 숨 쉬는 공기는 여러 기체로 이루어져 있어요. 기체는 일정한 모양이나 크기를 띠지 않기 때문에 이리저리 자유롭게 떠다닐 수 있어요.

* **기후 변화**
기후는 오랜 기간 관찰된 세계의 날씨 유형을 뜻해요. 과학자들은 지구의 온도가 점점 올라가면서 기후가 계속 변하고 있다고 경고해요.

* **단백질**
우리 몸의 성장을 돕는 영양소. 고기, 우유, 달걀, 콩에 많이 들어 있어요.

* **대기**
지구를 감싼 기체 층. 대기는 지구가 너무 뜨거워지거나 차가워지지 않게 적당한 온도를 유지시켜요.

* **대륙**
거대한 땅덩어리. 지구에는 총 7개의 대륙(아시아, 아프리카, 북아메리카, 남아메리카, 남극, 유럽, 오스트레일리아)이 있어요.

* **더듬이**
곤충, 갑각류 등의 머리에 달린 감각 기관. 주변을 감지하는 데 사용해요.

* **데이터**
이 책에 실린 놀라운 내용들은 그동안 모아 둔 데이터를 근거로 정리한 거예요. 데이터는 어떤 사실이나 수치 같은 다양한 정보의 모둠이라고 할 수 있어요.

* **동맥**
심장에서 나온 혈액을 몸 구석구석으로 보내는 굵은 관. 동맥은 매일 24시간 쉬지 않고 혈액을 이동시켜요.

* **물의 순환**
지구에 있는 물은 끊임없이 여행해요. 구름이 무거워지면 비가 되어 내리고, 육지와 호수, 바다로 떨어진 비는 다시 수증기가 되어 공중으로 올라가 구름을 이루지요.

* 물질

우리 몸, 공기, 이 책 등 우리 주변에 있는 모든 것. 물질은 수많은 원자로 이루어져 있어요.

* 바이오 연료

동물의 배설물이나 식물처럼 살아 있는 유기체에서 얻은 연료.

* 박테리아

한 개의 세포로 이루어진 아주 작은 생명체. 나쁜 박테리아와 좋은 박테리아가 있어요. 크기가 너무 작아서 현미경으로 보아야 해요.

* 반구

지구의 위쪽 절반을 북반구, 아래쪽 절반을 남반구라고 불러요.

* 백신

백신은 보통 주사예요. 죽은 병균이나 허약한 병균을 일부러 몸속에 약간 집어넣는 거예요. 그러면 몸에 저항력이 생겨서 병에 걸리지 않지요.

* 복제

무언가를 복제한다는 것은 모든 면에서 똑같은 복사본을 만든다는 뜻이에요.

* 불의 고리

태평양을 두르는 고리 모양의 지역. '환태평양 조산대'라고도 부른답니다. 지구 표면을 덮은 판들이 서로 어긋나서 화산과 지진이 자주 일어나는 지역이에요.

* 블랙홀

우주에서 주변의 모든 것을 빨아들이는 강력한 힘.

* 빙하기

육지의 대부분이 빙하와 두꺼운 얼음으로 뒤덮일 만큼 전 세계의 기후가 혹독하게 추운 시기. 대빙하기는 수억 년 동안 이어질 수 있어요.

* 산소

공기 안에 포함된 눈에 보이지 않고 냄새도 없는 기체. 모든 생물은 산소가 있어야 살 수 있어요.

* 서사시

영웅과 모험에 관한 극적인 이야기를 노래하는 긴 시.

* 성 소수자

트랜스젠더, 양성애, 동성애 등의 성 정체성을 가진 사람들을 뜻해요. 다른 정체성을 가진다는 이유로 차별을 받는 사회적 약자라는 의미에서 '소수자'라는 표현을 쓴답니다.

* 세균

하나의 세포로 이루어진 생명체. 박테리아라고도 불러요. 세균이 우리 몸속에 들어오면 병에 걸려요.

* 세포

세포는 생명체를 이루는 가장 작은 단위예요. 살아 있는 것은 모두 세포로 이루어져 있어요. 아메바는 하나의 세포로, 사람은 수십 조 개의 세포로 이루어져 있답니다.

* **시계 방향/ 시계 반대 방향**

시곗바늘을 생각해 보아요. 시계 방향은 시곗바늘이 움직이는 방향을, 시계 반대 방향은 시곗바늘이 움직이는 것과 반대인 방향을 뜻해요.

* **신경**

신경은 몸 밖에서 들어온 신호를 뇌와 척수에 전달해요. 신호를 전해 받은 뇌가 어떤 명령을 내리면 다시 신경이 우리 몸 각 부분에 전해요.

* **용암**

화산이 폭발할 때 터져 나오는 뜨거운 액체 상태의 암석. 용암이 식으면 딱딱하게 굳어서 고체 상태의 암석이 돼요.

* **원자**

물질의 기본 단위. 우주의 모든 존재는 원자로 이루어져 있어요.

* **원주민**

어떤 곳에 원래 살던 사람들. 마오리족은 1900년대에 유럽에서 새로운 이주민들이 몰려오기 한참 전부터 뉴질랜드 땅에 살던 원주민이에요.

* **유성체**

우주를 떠돌아다니는 작은 암석 덩어리. 유성체가 대기권 안으로 들어오면 마찰을 일으켜 불타오르는데, 이게 바로 별똥별이에요.

* **은하계**

행성과 수십억 개의 별, 우주 먼지, 가스 등으로 이루어진 거대한 집합. 지구가 속한 은하계를 '우리은하'라고 불러요.

* **인권**

성별, 종교, 피부색, 장애 여부에 상관없이 모두가 공평한 대우를 받을 권리.

* **적도**

지구의 한가운데를 빙 두르는 상상의 선. 적도 부근을 열대 지역이라고 해요.

* **전염병**

다른 사람에게 빠르게 옮겨 퍼지는 치명적인 병.

* **정맥**

우리 몸 곳곳으로 퍼져 나갔던 피가 다시 심장으로 돌아갈 때 지나는 가느다란 혈관. 우리는 모두 그물 모양의 정맥 조직을 갖고 있어요.

* **제국**

두 개 이상의 나라와 민족을 한 명의 황제가 통치하는 정치 체제를 가리켜요. 고대 로마 제국은 아주 넓은 지역을 통치했어요.

* **종**

공통된 특징을 지닌 생물의 무리. 인간은 하나의 종이에요. 대왕판다와 황제펭귄도 각각 하나의 종이지요.

* **중력**

모든 것을 끌어당기는 눈에 보이지 않는 강력한 힘. 우리가 지구에서 땅에 발을 붙이고 서 있을 수 있는 건 중력 때문이에요.

* **중세 시대**

역사상 500~1500년 무렵을 가리키는 말. 중세 시대 유럽에는 많은 기사와 성이 있었어요.

* **창자**

음식물에서 영양분을 빨아들이는 일을 돕는 신체 기관. 큰창자와 작은창자로 나뉘어요.

* **천문학자**

태양, 달, 행성, 별을 비롯한 놀라운 우주 세계를 연구하는 사람.

* **태양계**

태양과 태양을 중심으로 도는 8개의 행성, 위성, 혜성 등 수많은 천체들이 이루는 집단.

* **파라오**

절대 권력을 휘둘렀던 고대 이집트의 통치자.

* **혈관**

우리 몸 곳곳으로 피를 보내는 통로. 동맥, 정맥, 모세 혈관으로 나뉘어요.

* **호르몬**

식물과 동물의 몸속에 있는 화학 물질이에요. 특정한 일을 하라는 메시지를 전달하지요. 예를 들어 두려움을 느끼거나 흥분했을 때 우리에게 에너지를 주는 호르몬이 나와요.

* **화석**

암석 안에 보존된 죽은 생물의 잔해. 화석은 종류에 따라 수천 년 또는 수백만 년 전에 만들어졌을 수 있어요. 공룡 화석은 공룡을 연구하는 데 도움이 되는 좋은 자료예요.

찾아보기

ㄱ

간지럼 11
갑옷 68, 71, 91
강 44, 53
강입자 충돌기 17
거미줄 24
건축물 38, 68, 87~95
걷기 14
검투사 73, 95
게임 67, 98, 100
계절 44
고대 로마 64, 67, 70, 78, 80, 83, 84, 95
고대 이집트 14, 23, 33, 62, 70, 74, 77, 78, 84, 88
고대 중국 71, 75, 80, 97
골디락스 존 50
공룡 24, 29, 101
공포증 40
과일 10, 30, 38, 44, 80, 82
과학자 20, 21, 23

광년 47
구름 37, 42, 50
국제 우주 정거장 47, 48, 50, 54
귀 7, 13, 50
근육 10, 11
금 9, 68, 90
기침 8
깃발 60, 78
깡통 20

ㄴ

나무 38, 40, 41, 45
날씨 31, 37, 8, 40~44, 50
남극 38, 41, 44, 93
냄새 10, 28, 33, 48
노벨상 23
뇌 7, 11, 14, 57, 58, 74
눈 7, 14, 28, 61, 63, 71
닌자 70

ㄷ

다각형 60
다리 88, 90
다이아몬드 40, 54
단위 57, 63, 88
달 20, 23, 51, 53, 54
달걀 18, 41, 77, 78
달무지개 40

도로 88
독 28, 73
동물 7, 19, 20, 24~35, 40~42, 45, 55, 61, 63, 64, 70~72, 80, 82~84, 92, 98, 101, 103
디엔에이(DNA) 7
딸꾹질 8
똥 31, 41, 50, 71, 80
뜨개질 77

ㅁ

마야인 70
만화 100
맛 28
메리 셀레스트호 65
멸종 24
무척추동물 34
무한대 64
물 14, 37, 40, 48, 80
미라 33, 74
미신 78, 80, 81

ㅂ

바다 37, 40, 42, 59
바이오 연료 18
바퀴 21
발 11, 13, 28, 33
방귀 8, 10, 12, 27, 48

배꼽 8
버뮤다 삼각 지대 58
별 48
병 18, 21, 67
병사 68, 78
복제 양 17
블랙홀 50, 60
비행 18, 21, 24, 39, 90
빛 23, 48, 64
뼈 11, 13

ㅅ

사막 38, 43, 44
산호 38
상어 27, 28, 40
새 25, 27, 34, 70
색깔 57, 60, 61, 63
생일 47, 63, 77, 81
석유 18
섬 11, 38, 90, 91
성 68
세균 8, 13, 18
세포 7, 8, 13, 18, 21, 22
소리 7, 17, 24, 51
소설 101, 103, 104
속눈썹 진드기 7
속도 17, 34
숨 10, 24
숫자 57, 58, 60, 61, 63
스리디(3D) 프린터 13

스포츠 51, 61, 67, 68, 71, 79, 94, 95, 97, 100, 104
시간 58, 62~64, 88
시험관 고기 21
신 67, 70, 71, 75, 78
심장 박동 8
쓰레기 섬 88
씨앗 41, 44, 80

ㅇ

언어 34, 70, 94
여성 23, 71
연 83, 105
연골 11
열기구 18, 39
열대 우림 37, 39, 41, 43
열차 25, 93, 94
예방 주사, 백신 18, 21
오줌 33, 48, 68, 70
용 75
우주 비행사 47, 48, 50~54
웃음 10
원자 7
원핵생물 22
위장 8, 13
유령 61
음악 97, 98, 100, 101
의학 18, 68, 70
이 14, 30, 67, 70, 73

이메일 21
인구 13, 37, 90, 91
인권 69, 70
인터넷 17, 20

ㅈ

자동차 17, 18, 21
자석 24
자전거 19, 94
잔디깎이 17
잠 11, 28, 30, 33, 35, 52
잠수함 60
재채기 8, 11, 81
전구 14, 17
전자레인지 21
전화 17
주사위 57
중력 24, 53, 60
지구 20, 40, 44, 47~50, 53, 84
지문 11
지진 37

ㅊ

창자 13, 27
채소 44, 82
청각 7
춤 81, 84, 97, 102

ㅋ

컴퓨터 20, 23, 24
코 8, 14, 54
콧물 8
키 11

ㅌ

태양 43, 47~49, 53, 54
태양계 49, 50
텔레비전 23, 97, 100, 103
투명 23
트림 10, 78

ㅍ

패션 71, 73, 84
페니실린 18
폭죽 84, 99
플라스틱 24
플랑크톤 37
피 8, 61, 101
피냐타 80
피부 13

ㅎ

하품 14
학교 74, 77
해적 68, 71, 74, 83
행성 47~51, 53, 54

혀 10, 34
혈관 13, 15
화산 37, 43, 53, 54
화폐 73, 88

이게 모두 사실이라고?

초판 1쇄 발행 2021년 7월 5일

제인 윌셔 글 | 루이즈 록하트 그림 | 정회성 옮김

펴낸이 김현태 | 펴낸곳 책세상어린이 | 등록 2021년 1월 22일 제2021-000032호
주소 서울시 마포구 잔다리로 62-1, 3층(04031) | 전화 02-704-1250(영업), 02-3273-1334(편집) | 팩스 02-719-1258
이메일 editor@chaeksesang.com | 광고·제휴 문의 creator@chaeksesang.com | 홈페이지 chaeksesang.com
페이스북 /chaeksesang 트위터 @chaeksesang | 인스타그램 @chaeksesang 네이버포스트 bkworldpub

ISBN 979-11-5931-639-5 73030

- 잘못되거나 파손된 책은 구입하신 서점에서 교환해 드립니다.
- 책값은 뒤표지에 있습니다.

The Encyclopedia of Unbelievable Facts by Jane Wilsher and illustrated by Louise Lockhart
The Encyclopedia of Unbelievable Facts © 2021 Quarto Publishing plc.
Text © 2021 Jane Wilsher
Illustrations © 2021 Louise Lockhart
First published in 2021 by Frances Lincoln Children's Books, an imprint of The Quarto Group.
All rights reserved.
Korean edition © 2021 Chaeksesang Pub. Co.
Korean translation rights are arranged with Quarto Publishing Plc. through AMO Agency, Seoul, Korea.

이 책의 한국어판 저작권은 AMO에이전시를 통해 저작권자와 독점 계약한 책세상에 있습니다.
저작권법에 의해 한국 내에서 보호를 받는 저작물이므로 무단 전재와 무단 복제를 금합니다.

품명 아동 도서	**사용연령** 7세 이상
제조국 대한민국	**제조연월** 2021년 7월 5일
제조자명 도서출판 책세상	**연락처** 02-704-1250
주소 서울특별시 마포구 잔다리로 62-1, 3층(서교동)	

주의사항 종이에 베이거나 긁히지 않도록 조심하세요.
책 모서리가 날카로우니 던지거나 떨어뜨리지 마세요.
KC마크는 이 제품이 공통안전기준에 적합하였음을 의미합니다.

글 제인 윌셔

런던에 사는 어린이책 작가이자 편집자예요.
출판 업계에서 20년 넘게 일하면서 어린이를 위한 지식 정보 책으로 많은 상을 받았어요.
호기심 많은 어린이들이 쏟아 내는 질문에 답하기 위해 늘 즐거운 마음으로
자료를 조사하고 연구한답니다. 지금까지 쓴 책으로 《놀라운 기계 세계》,
《과학자들은 어떤 하루를 보낼까?》, 《정글의 동물들》 등이 있어요.

그림 루이즈 록하트

영국의 한 작은 마을에 있는 오래된 방앗간에 살면서 종이 오리기를 디자인하고
선화를 그리며 하루를 보내요. 남자들은 모두 중절모를 쓰고 여자들은 긴 드레스를 입고 다녔던
100여 년 전 세상을 그리워하고 좋아해요. 지금까지 그린 책으로 《어려운 낱말 사전》,
《세계의 위대한 예술 작품 모음》, 《즐거운 주방 놀이》 등이 있어요.

옮김 정회성

일본 도쿄대학교에서 비교문학을 공부하고, 인하대학교 영어영문과에서 번역을 가르치고 있어요.
《피그맨》으로 2012년 IBBY(국제아동청소년도서협의회) 어너리스트 번역 부문 수상자로 선정되었어요.
옮긴 책으로 《첫사랑의 이름》, 《줄무늬 파자마를 입은 소년》, 《위니를 찾아서》,
《안녕, 나의 등대》, 《톰 소여의 모험》 등이 있고,
쓴 책으로는 《책 읽어 주는 로봇》, 《내 친구 이크발》 등이 있어요.